7秒間のハグ

山村美智
Michi Yamamura

幻冬舎

7秒間のハグ

CONTENTS

＊

リビングの真ん中に、真っ赤なソファが置かれている。三人掛けのリクライニングソファ。真ん中の座席は前に折り畳まれテーブルとして使い、その両側に二人で座っていた。リビングには、グリーン色の観葉植物が所狭しと並べられている。だからソファの赤は、一層その色を鮮やかに放つ。

私は、右の座席に上がり正座する。ソファの右側は夫の座る定位置だった。今度はクルリと回転して座り直し、背もたれに顔を埋める。微かな匂いを確かめ、フカフカの大きな背もたれにそっと手を回す。

「秋ちゃん」

夫がいなくなって、もう何ヶ月も経ってしまった。

ウォークインクローゼットに入り、夫の着ていたジャケットに次から次へと鼻を付けても、その匂いはもう消えている。でもある日、嗚咽しながらソファの右側に座ったら、どこからか夫の匂いがしてきた。泣くのをやめた。必死にクンクンとあちらこちらに鼻を擦り付けて嗅ぎまわり、背もたれに匂いが残っていたことを発見した。レザーは、匂いを残しやすいのだろうか。嬉しくてソファの広い背を抱きしめたら、夫と抱き合っているような安堵した感覚になった。


「秋ちゃん、私達、こうやって毎日、必ずハグしたよね」

「したね」

「結婚した時、毎日ハグするって決めたから」

「そうだった」

「36年半だよ。あ、でもしなかったこともあった……あの時」

「あの時……そうだね、ごめんね」

「秋ちゃん、会いたいよ、秋ちゃん」


まるで私は海の底に沈む深海魚のようだ。暗い水底でゆらりゆらゆら彷徨い、光を探す。しかし、踠《もが》いても光は見えない。いつになったら見つけられるのか。闇の中で慄然としている。深海魚ではないから、突然溺れてしまいそうになって、初めて気が付く。この水底から這い上がるしかない。でもどうやれば這い上がれるのか、その仄かな光の道筋が見えなくて、途方に暮れている。

モダン会

遠い昔を、思い出す。

あの日、私達……この時の私達は五人、バシャバシャと、夜の海に走り込んで行った。服のまま、大騒ぎで入った大磯の海はびっくりするほど冷たくて、足元の砂の動きが、体中、脳味噌まで伝わった。日々窮屈な思いをしていた私は、解放されて、「うぉ――」と、夜の空に向かって、叫んでいた。

五人は、フジテレビの仲間。と言っても、仕事上、共に働いたことはない。ネットワーク部の遠藤龍之介。営業部の、永山耕三と宅間秋史。ワイドショーにいた寺尾のぞみ。アナウンス室の山村美智子。五人は、「モダン会」と、わざと時代遅れの名前を付けて悦に入っていたんだ。モダン会で行楽地に出かけたり、プールパーティーを主催したり飲み会をしたり、羽目を外すギリギリのところで、遅れて来た青春を楽しむかのように多くの時間を共有した。深刻なことなんか話さない。いつも笑ってふざけていた。

モダン会結成の2年前、私が入社した1980年のフジテレビのスローガンは「母と子のフジテレビ」。視聴率は低迷し、正直なところ、覇気に乏しいテレビ局だった。

しかし、81年に内部の大改革が行われた。組織が変えられ、今まで別会社だった制作プロダクションもフジテレビに統合された。標語も「楽しくなければテレビじゃない」と変えられた。全社をあげて、視聴率競争に立ち向かう体制となった。すると、社内は、みるみる活気を取り戻していったのだ。視聴率も、どん底から這い上がるように、1位を達成するようになった。

1週間の視聴率が、三つの時間帯でそれぞれ1位を達成する三冠王になれば、全社員に報奨金1万円が、振る舞われる。だから毎週月曜日の朝になると、社内の全ての人が視聴率表が出るのを心待ちにし、ワサワサと落ち着かない。果たして三冠王を達成すると、社内のあちらこちらから声が上がった。

「今週も、三冠王、取りました〜！」

「やった〜、やっほ〜い〜！」

「1万円、ゲット――――！」

午後になると、経理部から配られた1万円入りの封筒を受け取るために、各部署では長い行列が出来た。フジテレビ中が、毎日お祭り騒ぎをしている感じ、そんな時代だった。

そのフジテレビの大改革を象徴するように作られた番組が『オレたちひょうきん族』。まだ若いビートたけしさん、明石家さんまさん、島田紳助さん、片岡鶴太郎さんなど、その後大御所と呼ばれる人達が、綺羅星の如く登場したお笑い番組だ。制作プロダクションから統合されて、晴れてフジテレビ社員になったディレクター陣も若く、無我夢中で番組を作り上げていた。番組に関わる全ての人が、自分の内でギラギラ燃えたぎる沸々としたマグマを、どう爆発させようかと収録に臨んでいた。

そしてアナウンサーの私は、『オレたちひょうきん族』のベストテンコーナーの司会に、抜擢されていた。

「ひょうきん、ベスト、テ〜〜ン！」

お笑い芸人さん達がベストテン番組のパロディーで歌うコーナー、司会を担当する私は、奇抜なファッションで対応する。時にはスカートを捲られたりキスをされたり。でも、必死にアナウンサーとして司会をする姿に、視聴者の皆さんが共感してくださったのだろう。話題になり、新聞雑誌でも取り上げていただくことが多くなった。全国からお手紙を頂いたり、街を歩いても指差されるようになっていった。

でも一方で、アナウンス室では、次の代のアナウンサーが入社せず何年も新人扱いで、お茶汲みやら備品整備、お湯呑み洗いもしなくてはいけない。今では考えられないほど厳しい先輩達の目を、いつも気にしていた。

　収録の合間に、アナウンス室に残された使用済みの湯呑みの山を見つけてしまった時には、ガラガラとカートで給湯室まで運び、洗わなければいけない。たとえそれが真夜中であっても、派手な衣装を着たままだとしても。

　エレベーターの中では、二人っきりになった見知らぬ総務の中年社員から、蔑んだ目で見られた。

「あんた、アナウンサーのくせに、よくあんなこと出来るね、恥ずかしくないの？」

　冷たく言い捨てられた。一人残されたエレベーターで、私はどの階にも降りることが出来ず、立ち尽くすしかなかった。

　社内は、どんちゃん騒ぎのように華やかになりながらも、まだ多くの社員が「母と子のフジテレビ」を引き摺《ず》っていたのだ。

　番組で使用する衣装も、当時はスタイリストも付いておらず、自分で交渉して借りに行く。衣装を汚してしまったら、自腹で買い取らなくてはいけない。私自身は、若手社員でお給料も少なく、それは参った。タクシーに乗る余裕はなかったから、大きな衣装バッグを抱えながら電車やバスを利用した。しかしそんな時、決まって子供達に大声で呼び止められる。

「おい、ヤマムラ〜〜、こっち、向けよ！」

すれ違いざまに、頭を殴られたりすることもあった。テレビの中で、芸人さんに軽く頭を叩かれているのを観て、殴ってもいい対象とされたのだろう。

また『ひょうきん族』をきっかけにして、色んなバラエティやクイズ、報道の選挙特番など、押し寄せるように各番組に登用され、フジテレビのキャンペーンガールまでするようになっていた。しかし、そんな煌びやかな世界に身を置きながらも、裏では、あちらこちらに気を遣い、鬱屈した思いが募る毎日。体も心も忙し過ぎて、ズタボロ雑巾のようだった。

「ハァ……疲れた」

夜中に収録が終わり、小さなワンルームの部屋に帰って来た途端、上がり框《かまち》に倒れるようにひっくり返り、そのまま眠ってしまうことも度々だった。

アナウンス室で相談に乗ってもらおうにも、バラエティの経験がほとんどない上司にとってみれば、ただ調子に乗っている後輩にしか見えない。

「そりゃ、仕方がないね」

と、笑われるだけだった。

確かに、仕方がない。会社も時代も、まだタレント的な社員アナウンサーに慣れていなかったから。局アナの接し方、扱い方、そして守り方を、誰も知らなかったのだ。

だからモダン会は、私にとって唯一、自分がホッと解放される場所になっていた。仕事のことはお互い一切話さないし、聞かれない。25歳のただの「女の子」として扱ってくれる、そんな場所。

もう一人の女子、のぞみも同じように解放感を味わっていた。彼女が裏方として働く『おはよう！ナイスデイ』は、当時はまだ男性主導の過酷な現場、虐《いじ》められることも多く辛い日々を送っていた。

だから仕事で息も絶え絶えになっていた女子2名は、モダン会という場所で、やっと大きく息を吸うことが出来るようになったのだ。時間に余裕があるというか、テレビ局にしては、暇な部所属の呑気な男子達を相手にして、救われるようになっていた。

その週末の夜も、大磯プリンスホテルにみんなで宿泊し、夕食後、浜辺に繰り出すことにした。

車から降りた途端、強い潮風を感じた。心地好くなって両手を広げた。

「海だよ！　海、海！」

「うみ、うみ、うみ〜〜」

叫び声を上げながら、海に向かって走り出した、のぞみと私。

「おーい、気をつけて」

秋史が、追いかけた。いつだって秋史は、こんな感じ。羽目を外すのぞみと私を、距離を取って見守る。まるで物分かりのいい保護者のようだ。

「安い青春ドラマみたいなこと、やめれ〜」

耕三が渋々なポーズをしながら、その実は喜んで追随した。

龍之介は、砂浜に停めた車の中で、何かモタモタしている。砂だらけになった体で車に乗られるのは勘弁と、新聞紙を座席や足元に敷いていたのだ。でも、戻ってきた女子達に引っ張られ、いやいや海に引き摺り込まれてしまった。

静かな夜の海に、水を掛け合う音と喚声が響き渡った。

バシャバシャ、バシャバシャバシャ。

全身ずぶ濡れになってようやく気が収まり、海から上がった私達。滴り落ちる海水を、犬がブルブルと飛ばすように振り払ったけれど、そのまま乗り込んだ車の座席は、案の定びしょ濡れの砂だらけになった。秋史と耕三は何食わぬ顔をし、龍之介は苦虫を噛み潰したよう。三人の顔が可笑しくて、私とのぞみは体を折り曲げてずっと笑い転げていた。

ホテルに戻っても、楽しい時間は続く。

龍之介のポケットに入れていた全員の宿泊費など20万近いお札が、濡れて固まっていたのだ。

「ここに貼って乾かそう」

秋史がバスルームの鏡を指差した。みんなで、一枚一枚破れないように慎重に剝がし、貼り付けた。鏡一面に壱万円札が並べられて行く。鏡の向こうの自分達の顔が、ギザギザに見えた。

「見て見て！　ホラ、龍ちゃんの顔！」

滑稽で堪らない。女子達の終わらぬ笑いに、龍之介は「参りましたよ」とボヤき、耕三はタバコを吹かしながらシニカルな笑みを浮かべて見守る。秋史はすでにベッドに寝転がり、何事もなかったように地図を見て計画を練っていた。

「明日は、箱根の方まで行ってみようよ」

あの夜、浜辺で見上げた満天の煌めく星を忘れることが出来ない。キラキラ未来が輝かしく、その奥に広がる漆黒の闇も、少しも怖くはなかった。五人一緒だったから。

モダン会のみんなといる限り、私は、自由になれた。何かに縛られているテレビの世界から逃れて、思いっきり羽ばたける羽根をもらったかのように、自由。

あの大磯の夜……もう39年も昔になってしまったんだね。

その後、遠藤龍之介は、フジテレビの社長になり、副会長にまでなった。永山耕三は、『東京ラブストーリー』や『ロング バケーション』などの作品を手がける大演出家となり、寺尾のぞみはニューヨークに移住した。宅間秋史は、数々のドラマや映画などを手がける大プロデューサーとなり、いや、その前に……、
私の夫となった。

みっちゃん、ごめんね

2019年7月、家の電話が鳴った。

「あ、秋ちゃんからかな。病院から直接会社に行くって電話かな」

4年前にフジテレビから独立し、制作会社を立ち上げていたから、出社時間には融通が利く。でも、その日は打ち合わせがあると言っていたことを思い出した。

喉に違和感があり、1週間前に近所の病院で診てもらった秋史は、その日、検査結果を聞くために出かけていた。

私は、片足で跳びはねながら電話に近付いた。7月に入ってすぐに、歩道と車道の段差で転び、右足の甲を骨折して松葉杖での生活を強いられていた。

「もしもし」

いつもの、いや、いつもより明るい秋史の声に聞こえた。

「家に戻ってこないの？　直接、会社？」

私の質問には答えず、秋史が言った。

「みっちゃん、ごめんね……食道がんだった」

やっぱりさらりと明るい声で、秋史が告げた。

声のトーンとチグハグな内容。一瞬、頭の中の何かがすごい速度で回転した。ガンって、あのガン？　ガ〜ン！　なんて、ふざけたくもなった。ウッソ〜と声をあげたくもなった。手先も足先も、いっぺんに冷たくなった。何と答えていいのか、わからない。でも、何か……言わなくちゃ。

「へえ、そうなんだ。食道がん？　一病息災っていうからさ。今まで、秋ちゃん病気したことなかったから、一つ病気して、長生きするってことだね」

まるで決められたセリフのような言葉を、流暢に言えたことに成功したと思った。

「とにかく、一旦家帰るから」

病院は、自宅からほんの3分ほどの距離にある。

これは何だ？　現実なのか？

部屋中を歩き回りたくなった。でも、動けない。骨折した足がもどかしかった。大きく何度も呼吸をした。

「ただいま」

秋史は、飄々と帰って来た。

「おかえり、お疲れ様～」

家に戻るのなら、帰ってから検査結果を言ってもいいようなものなのに、電話でしか私に告げられなかったのだと思う。二人とも努めて明るく振る舞った。なんだか、お芝居してるみたいだ。この後、紹介された大学病院で手術をしてもらうこと、食道がん手術では権威でいらっしゃる医師が執刀してくれるのだと報告された。すでにそこまで決まっているということは、私に電話する前に、色々と手配したに違いない。その時の、私を心配させまいとした秋史の気持ちを思うと、胸が潰れそうになる。

「食道がんで死んだりしないいんじゃない？　あまり聞いたことないもん」

何も知らない私は、秋史に軽々と言っていた。秋史は生返事をしながら、コーヒーを自分で淹れている。いつもならこんな時、換気扇の下でタバコを吸うのだけれど。

「みっちゃん、大丈夫だからね。落ち着いてね」

落ち着かせたかったのは、自分自身だったのだろう。コーヒーを飲み終わると、とにかく会社に行くから、と出て行った。玄関を出る前、愛犬のカレンとセリーナにキスをした後、いつものように私達は、「行ってらっしゃい」のハグをした。落ち着いて見えていた秋史の鼓動が、激しく伝わったのを覚えている。

秋史が家を出た後、ぴょんぴょんと片足で跳びはねてリビングに戻り、焦るようにパソコンのキーボードを叩いた。検索窓に「食道癌《しょくどうがん》」と入れた。血の気が引いた。ステージによって異なるが、5年生存率20～30％。多くの著名人が、食道がんで亡くなっていた。秋史も私も、それぞれの仕事でご一緒した中村勘三郎さんも、そう言えば食道がんが原因で亡くなられていた。その日、夜、秋史が戻るまで、ずっとパソコンの前で食道がんのことを調べていた。絶望的な記事だらけ。あまりにも苦しくて飛ばして読むようになり、復活した人達のブログや、少しでも希望のある記事を拾い集めて、「お気に入り」に入れた。

秋ちゃん、これから闘いだよ。私も一緒に闘うからね。絶対に勝つんだ、絶対。

私は、すでに、戦闘モードに切り替わっていた。

秋史は、ほとんど病気などしたことがなかった。風邪を引いても、2、3日寝れば快復する。ただお酒とタバコは長年嗜んでいた。喘息持ちの私が何度頼んでも、タバコはやめようとしなかった。両親が98歳と93歳で亡くなったから、遺伝的にも長命だからと豪語し、でも私を思いやり、タバコは換気扇の下かベランダで吸っていた。

一方私は体が弱く、風邪も引きやすい。一旦引いてしまうと喘息を併発し、1〜2ヶ月酷い咳が止まらない。婦人科系の病気もあったり、卵巣嚢腫の手術をしたり、肺気胸になったり、不整脈になったり。だから二人の間では、私が先に死ぬことは間違いないことだった。

桜の季節になると、私達は決まってお花見がてら散歩する。そして毎年私は、飽きもせず宣言した。

「私、死ぬのは、西行の歌みたいに、桜の季節にするからね」

願わくは　花の下にて春死なむ　その如月の望月の頃

暑さに弱い私は、大嫌いな夏になる前の、桜の季節に死にたい。桜吹雪の中、私の葬儀は行われるのだ。そんな乙女チックに甘ったるい願望を、繰り返し秋史に伝えていた。

「だから、秋ちゃん、よろしくね」

秋史は、また言ってるよとばかりに、ハミングするようにハイハイハイと返事した。桜の季節なんだか、冬なんだか、真夏なんだかいつでもいいけれど、とにかく二人の中では、私が先に亡くなって秋史が葬儀を執り行うのだと、決められていた、決定していたはずだ。


確かに、98歳で亡くなった義父も、亡くなる寸前までタバコを吸っていたから、喫煙者全員が癌になるわけではない。しかし秋史は、それに加えてお酒があった。酷い量を飲むわけではない。外の会食で飲んだ後、家に戻り、寝る前にストレートのスコッチを嗜む。

「みっちゃんとの時間を大切にしたいからね、なぁんてね」

冗談めかして言っていたけれど、ま、私というよりは、スコッチを飲みながら、愛犬のカレンとセリーナを羽交い締めにして頬擦りしたり、ボール遊びをしたりする、そんな癒される時間が大好きだったんだと思う。

これがいけなかった、と主治医には言われた。就寝前の強いアルコールは、食道に滞留し癌発生率が高まる。

「お酒とタバコは、食道がん、まっしぐらですよ」

正に秋史は、食道がんになるためのライフスタイルを送っていた。

その上健康に自信があったから、忙しさにかまけて、1年半人間ドックを受けていなかった。すでにゴールデンウィークの頃には喉に違和感があったらしいのに、2ヶ月も放っておいたから、癌はステージⅢになっていた。

ついでに、もう一丁言うならば、医療保険、生命保険も、ちょうど契約が切れてしまっていて、新たにかけ直すのも怠っていた。手術の日取りが決まった日、病院の待合室で、入院費の保障がないことを秋史から打ち明けられた時、愕然とした。この日、骨折していた私は車椅子で、病気の秋史が車椅子を押してくれていた。

「みっちゃん、ごめんね」

車椅子の後方から、秋史が謝った。

本当だよ、謝っても謝り切れないよ、秋ちゃん……何もかも、何もかもだ。

せめて、ゴールデンウィークの頃、喉に違和感があった段階で病院に行ってくれていれば良かったのに。ステージもⅠかⅡであれば……良かった。

でもね、その頃、4月・5月・6月は、我が家のイベントは目白押しだったからね。ワンコを連れて行く国内旅行が数回、サッカー日本代表の親善試合観戦をするために仙台へも行った。北京への旅行もあった。北京は、秋史の仕事もあったから、秋史が先に現地入りして、後で私が合流した。あれが、二人最後の海外旅行になったけれど。

だから、仕方ないのかな。秋史の異変に全く気付かなかった私が悪いのかな。能天気に、旅行ではしゃいでいた私も、いけなかったよ。ごめんね、秋ちゃん。

秋ちゃんだけのせいではないんだ。

ごめん。

マフィアの結婚式

私達が結婚したのは、１９８４年5月26日。

「ホテルオークラ」で遠藤周作先生御夫妻の御媒酌のもと結婚式・披露宴をし、青山のレストラン「サバティーニ」でパーティーをした。

結婚式当日、オークラでの披露宴が終わり、私達はハイヤーでサバティーニの前に到着した。予定時間を1時間も遅れてしまっていた。周辺が多くのスタンド花と報道陣で溢れ、騒然となっている。これは一体、何かイベントでもあるのかしらと不思議に思っていたら、何と私達の結婚パーティーを取材しに来ていた人達だった。私達が到着したことで、一層騒がしくなっている。

「どうしよう……」

恐れをなして呟いたら、秋史が私の手を握って言った。

「悪いことしてるわけじゃないんだから、平気だよ！」

その言葉で少し安心したが、でもすぐに、秋史は一人車を出てスタスタとレストランの入り口へ消えて行ってしまった。残された私は、慌てた。とにかく、追いかけなくちゃ。

ウエディングドレスの裾を、友人に介添してもらい車の外へ出た。

記者やカメラマン達の怒号が飛び交う。ドキドキしながらも笑みを浮かべて冷静に、カメラのフラッシュが瞬く間を抜け、地下への階段を下りた。

巨大な穴蔵のようなレストランの中では、遅れて到着した新郎新婦を出迎えようと、すでに酔っ払った多くの人々が叫声を上げていた。頭に手持ち花火を何本も差した山田邦子さんと、ひょうきんディレクターの三宅恵介さんが、新郎新婦よろしくバージンロードをステップ踏んで歩き、喝采を浴びていた。

「まるで、マフィアの結婚式だよ」

神父に扮した『ひょうきん族』のプロデューサー横澤彪さんがそう表現したほど、溢れ返った人々が、ワイン片手に踊ったり騒いだりしている。

クイズ番組でご一緒した林真理子さんが、スピーチしてくださった。

「今日の美智子さんは、本当にお綺麗で。結婚の力というのは素晴らしいですね。嫉妬してしまいます」

大きなスクリーンには、ビートたけしさんや、さんまさん、紳助さん、多くの芸能人の方がコメントを寄せた動画が流されていた。

「女子アナの結婚って言うからさ、どんな大物が相手なんだと思ったら、社内結婚だって？　しかも、営業部なんて、しょぼいんじゃないの」

たけしさんが独特な言い回しで祝福し、みんなの笑いを取った。

しかし、そんな華やかな出席者は、ほとんど私の関係者だった。まだこの時の秋史は、番組制作に関わっていなかったから、タレントさん達とは無縁だった。


私の結婚した宅間秋史という人は、いつも飄々としていた。何があっても動揺しない。隙あらば面白いことを言い、ふざける。誰かが何かに追い詰められ悩んでいると、ふっと揶い上げるようなことを言う。人生ケセラセラ！　馬鹿真面目に物事を捉え悩みがちな私にも、ドンマイメンタルを植え付けようとした。モダン会で、みんなと楽しく遊ぶうちに、私は、そんな大らかな姿に心惹かれていった。モダン会のみんなと一緒にいると感じる自由を、次第に秋史という人そのものに感じるようになっていた。

モダン会で飲んでいる時、酔いが進んで急に淋しい気持ちになった時がある。私は幼い頃から一人でいる時間が多く慣れているくせに、一人が怖い。淋しい病みたいに、突然、寂寥《せきりょう》感に襲われる。

「淋しくなっちゃった。側にいて」

その日、隣に座っていた秋史が答えた。

「大丈夫だよ。一生側に居てあげるから」

酔っ払いながらも、これはプロポーズかと慌てた。そして嬉しかった。

その後二人きりでデートするようになり、デート場所として何度も羽田にあった東急ホテルのレストランに連れて行かれた。当時の東急ホテルは、まるでどこかの国に行ったかのように、異国の雰囲気が漂っていた。レストランの大きく開いた窓から見える羽田空港。赤や青のランプがチカチカと光っている。どこへ飛ぶのか、巨大な飛行機が、次から次へと夜の空に向かって離陸して行った。秋史は、飛行機を見るのが大好きだった。

この時の私は、信頼していた上司から、信じられないような酷い仕打ちを番組内で受け、打ちのめされていた。

「もう仕事なんて辞めたい」

秋史が、優しく言った。

「辞めたいなら、辞めてもいいと思うよ。好きにしたらいいよ。僕はいつでもみっちゃんの味方だから。仕事をしても、していなくても、みっちゃんである限り、僕はみっちゃんを一生守るから。でも、あんな人のために辞めるのは、もったいないとは思うけれどね」

また一機、飛行機が飛び立ち、闇夜に消えて行った。夜の空港のイルミネーションの煌めきは、押し付けがましくなく、遠慮がちだ。全てを受け入れてくれる秋史の言葉が、私の体に沁み入った。

秋史といると、羽を広げ、自由な私になる。

だから私は、秋史と結婚したのだと思う。


でも、もしかすると、結婚するほど熱い恋愛をしていたかと聞かれたら、自信を持って、「イエス」と言えないかもしれない。「フライデー」は創刊される前だったけれど、ちょうど「フォーカス」という写真週刊誌などもあり、デートもままならず、結婚すれば取材陣に追いかけられる心配がなくなると思ったことも確か。一人が淋しかったことも確か。母から早く結婚しなさいと執拗に催促されることから逃れようとしたことも確か。だから、どこかで、ま、上手くいかなかったら、別れてもいいんだから、なんて思っていたことも確か、だった。

これが、私達の結婚の始まり。

だから結婚って、不思議だね。だんだん、離れられなくなっていってしまったもの。36年半っていう年月が、いつの間にか夫婦っていう一つの形を作っていく。

不思議。

プロデューサー宅間秋史の誕生

秋史と私の新婚生活は、当時河田町にあったフジテレビに程近い、千駄ヶ谷のマンションで始まった。6階のベランダから、真っ赤な夕焼けに富士山のシルエットが小さいけれどくっきりと浮かび上がり、若い二人は感動しながら何度も眺めた。

晩御飯は、料理好きだった私が、色んなものに挑戦した。その頃の秋史は料理が出来なかったから、調理する私の後ろで本を読みながら待っていて、出来上がったものを「すごいね、美味しいねぇ」と喜んで食べてくれた。

でも、「イカと大根の煮物」に挑戦した時のこと。初めて生イカを捌《さば》くのに、とてつもなく手間取り、どんどんと時間が過ぎてしまい、結局近所のステーキ屋に食べに行ったことがある。そんな時にも、秋史は何も言わず、私が「キャ〜」とか「ヌルヌル〜」とか、イカと大袈裟に奮闘しているのを、静かに面白がりながら待っていてくれた。でも、それから何十年もの間、秋史に「今夜何食べようか？」と聞いたりすると、秋史は意地悪そうな表情で「う〜む……イカの煮物！」と答え、必ず私を揶揄《からか》った。我が家のお決まりの笑い話第1号になったんだ。

でも、そんなのんびりした夫婦の記憶は、長く続かなかった。

結婚して1ヶ月もしないうちに、秋史が、営業部から念願の編成部への異動が決まった。

テレビ局にとって、編成部は全ての中枢。番組を制作する制作部に指示を出し、統括し、テレビ番組を作る。謂わば、テレビマンとは編成マン、と言っても過言ではない。秋史は、営業職とは打って変わって、多忙な毎日となっていった。

それからの秋史の活躍ぶりは、正に、フジテレビが破竹の勢いでナンバーワンのテレビ局になって行くのとリンクした。バラエティでもドラマでも、秋史は、次々と話題作、高視聴率を叩き出していく。バラエティでは、『ドリフ大爆笑』『夜のヒットスタジオ』『火曜ワイドスペシャル』などを担当。ドラマは『ヴァンサンカン・結婚』『もう誰も愛さない』『29歳のクリスマス』。また月9と呼ばれる一連のトレンディドラマ。

プロデューサーには、制作現場のプロデューサーと、編成プロデューサーがある。秋史は編成のプロデューサー。番組の屋台骨、ビジネススキームを作り、後は現場に任せて行く。多くの作品を、ヒットメーカーの制作プロデューサー、山田良明さんや大多亮《とおる》さんと組んで生み出していった。謂わば、影の立役者に誇りを感じて編成マンをしていた。

バラエティにしても、ドラマにしても、そこは、テレビ局だけで作り上げることは出来ない。大手プロダクションと交渉をしながらタレントのキャスティングをして行く必要がある。この業界には、大きな老舗プロダクションなど、少し強面の業界の大御所と呼ばれる方々がいらっしゃる。そういう人達の懐に入って、秋史は仕事を進めて行った。若い秋史が、決しておべんちゃらを言うわけでもなく、伝えなければいけないことはしっかりと伝え、相手の言い分も聞く。その辺りで、難しい面々と丁々発止でやり合っていたらしい。だから、大御所の皆様からは次第に信頼を得て行き、宅間が担当なら力になろうと言ってくださったという。

仕事のことは、私は全くわからないけれど、秋史がどう対応していったのか、仄かに理解出来る。問題が起きた時、まずドンマイと対処し、相手に安心を植え付ける、その上で、一つ一つクリアにして行く、しかも、難なくという風に見せながら軽い感じで。

その後、編成部から映画部へ異動となり、今度は映画のプロデューサーとしても、『GTO』『ウォーターボーイズ』『大河の一滴』など、多くの作品を手がけた。

秋史は、テレビマンとして、正に「ミスターフジテレビ」と呼ばれるほど輝かしい仕事をし、また猛烈に忙しかった。

夫婦は、二心二体

秋史の忙しさが激しくなる頃、結婚して1年後に私はフリーとなった。女優の仕事を始めようとしたのだ。

実は私は、劇団「東京キッドブラザース」に所属していた女優だったが、その道を諦めて、フジテレビの入社試験を受けた経緯があった。でもアナウンサーになったものの、連続ドラマの出演やレコード発売など、タレントまがいの仕事が多くなり、悩んだ末、もう一度夢を叶えたくて退社した。アナウンサーとしての達成感もあった。

この頃の私達は、お互い仕事のことで必死な毎日だった。

秋史は、多くの番組を抱え、私は海外ロケの番組や、レギュラーで歌番組やクイズ番組の司会、ドラマの出演もあった。しかし忙しくても海外に出る時は、秋史のためにまとめて料理したものを冷凍庫に入れておいたりした。

私は、自分の仕事の内容を秋史に逐一報告していたけれど、秋史は自身の仕事のことは、一切私には言わなかった。私から仕事上の悩みを打ち明けると、真摯に答えてはくれたが、秋史がどんな番組を担当しているのか、私はほとんど知らなかった。

「夫婦は、一心同体ではなくて、二心二体なんだ」

その頃からの、秋史の持論だ。だから仕事について報告もしない。家計は折半、給料の額も伝えない、家事も分担。個々を尊重するのが「二心二体」。でも結局、毎日会社に行く必要がなくなり時間的な余裕も出来た私が、家事を担当していた。せっかく二人の休みが重なる時は、一緒に映画に行ったりする時間に使いたかったから。

とは言え、秋史が家に帰る時間は毎日午前様。こちらが聞かないと誰と会ったか知らされず、私は、夜は一人ぼっち。土日もゴルフに行ってしまうことが多かったから、休日も私は一人だった。

少々不満にも思ったけれど、相変わらず秋史は優しかったから、それで充分だと思うようにしていた。

そう、秋史は、家にいる時は、いつも私を楽しませてくれた。

結婚して10年ほどした頃には、秋史が急に料理に挑戦するようになった。接待で食べる美味しい料理を、「みっちゃんに食べさせたい」と言って。最初はアラブ風鶏の炊き込みご飯から始まり、あん肝とかシメ鯖とか東坡肉《トンポーロウ》とか、和食も中華も本格的な料理をするようになった。休日のブランチのパスタは、秋史が担当になった。

また秋史は、イベントを計画する才に長けていた。お互いの休みの日には、あちらこちらにドライブを提案したり、旅行のプランを投げかけた。

楽しいことを共有するだけで夫婦はいい、嫌なことは話さない、論じることはしたくない、これが私達夫婦の形なのだと私も思うようになっていった。

忙しくて、帰りは遅い秋史だけど、いつも優しくユーモアがあって、楽しい。二人でいる時には癒される。その時間を壊すことを私はしたくなかった。だから、敢えて毎日遅く帰って来ても詰《なじ》ることはしなかった。

母からは、「あなた達みたいなのは、夫婦としておかしい」と何度も言われていた。でも、私はその度にムキになって反論した。

「ママの時代とは違うの。これが新しい夫婦の形なんだから、放っておいて！」

でも本当は、毎日一人の夜は、猛烈に淋しかった。一人の休日は、いたたまれなかった。

ニューヨークが、二人の始まり

2003年の初夏、私は、二人芝居『私とわたしとあなたと私』の稽古で忙しい毎日だった。出演者は私と吉川ひなのさん、中年の女子銀行員と若い風俗嬢の中身が入れ替わる話。自分で書いた脚本で演出も担当していた。前の年に初演だったのだが、サスペンス要素もあり、人生を見つめ直す舞台だと評判になり、再演となっていた。

稽古が終わり、ようやく家に戻ると、ちょうど秋史も帰って来ていた。興奮した様子で告げられた。

「みっちゃん、ニューヨークに、行きましょう！」

「え？　私、舞台あるから、旅行なんて行けないよ」

「違うよ！　ニューヨークに住むの、赴任！」

驚いた。

確かに、結婚した当初、ニューヨーク近郊の大学院を卒業している秋史は、必ず海外赴任になるだろうと、当時編成局長だった日枝久さんから釘を刺されていたが、20年近く経って実現されるとは。恐らく、赴任させようにも、編成でも映画部でも欠かせない存在だったから、延び延びになっていたのだろう。

「私も、一緒に行くんだっけ？」

混乱して聞いた。

「当たり前でしょ？　でも、みっちゃんが嫌だったら、何らかの方法を考えるけど」

私は、評価されている芝居を、これから大きくして行こうと思っていた矢先だったから、戸惑っていた。「夫婦と言っても、僕達は、二心二体」といつも言っていた秋史なのに、私も共に行くと信じて疑わない様子。しかし、実際、私自身別居してまで、当時飼っていた二匹の愛犬と、東京で一人暮らしすることの方が、想像出来なかった。

「わかった、一緒にニューヨークに行く」

この時、夫婦は、「運命共同体」なのだとしみじみと認識させられた。


03年から08年までの5年間のニューヨーク生活。

マンハッタンの48階の部屋からの眺めは、圧巻だった。会社の家賃補助の範囲で入居出来た部屋は、ワンベッドルームだったけれど、北東の二方向にわたり全面にガラス窓が設えられ広々と感じる。窓の外、北に広がるセントラルパークは、四季の移ろいを見せてくれ、東に林立する高層ビル群は、夜になると眩しいほどの煌めきを放つ。初めてその景色を見た時には、ため息が漏れた。正に、絵に描いたような大都会、マンハッタン。

私は舞台や仕事の後処理で、3ヶ月遅れて渡航した。秋史はすでに一人暮らしに慣れた様子で、私はまるで秋史のお宅にお邪魔したかのよう。食事も毎日一人で作っていたから、ニューヨーク赴任を機に、全ての料理担当は秋史になった。

休日にはレンタカーを借りて30分ほどドライブし、ニュージャージー州の日系スーパー「ミツワ」まで、食材を買いに行く。毎日本格的な和食や中華、洋食が食卓に並び、土日のブランチはイタリアン。

「こんな具沢山のパスタは、どこのイタリアンでも食べられないよ」

そう秋史が自画自賛するボンゴレは、チャイナタウンで買ったアサリがふんだんに載せられ、確かに、どのマンハッタンのレストランで出るパスタにも負けていなかった。

アメリカという国は、一人より二人が単位。仕事関係のパーティーも夫婦での参加が望まれる。3ヶ月の間、一人で過ごした秋史はよほど寂しかったに違いない。待ちかねたように、私をブロードウェイのミュージカルやオペラ、野球観戦、ゴルフなど、次々と連れ出してくれた。

そんな中、ニューヨークに赴任して間もない頃、小さな事件があった。

松井秀喜さんが出場した試合をヤンキースタジアムに観戦しに行った帰り道、何万という人が一斉に押し寄せる地下鉄の駅でのことだ。ごった返す中で秋史はさっさと車両に乗り込み、後から付いていた私は人混みに阻まれ、目の前でドアが閉まり、地下鉄はそのまま走り去ってしまった。

また、秋史の悪い癖が出た。

秋史は、時々後ろを振り返らず、一人で先にスタスタ行ってしまう癖があった。結婚パーティーでも、私を一人残して会場のレストランに入ってしまったように、私は取り残されてしまうことが多かった。

しかし、ここは異国。しかも慣れていない駅のホーム。筋骨隆々の白人さんや眼光鋭い黒人のお兄さん達が、ゲームの余韻で声を上げ大興奮している。その真ん中で一人取り残されたちっぽけな東洋人の私は、生きた心地がしなかった。まだ携帯電話の契約をする前で、家の住所さえ朧げな頃だ。パニックになり人混みに押されながら、次の電車に乗り込んだ。すると隣の駅のホームで、秋史がバツが悪そうな顔をして、待っていた。

その時の私の怒りっぷりはアメリカ人並みに大きな声だったと思う。

「秋ちゃん、私のこと、なんだと思ってるの！　私は、秋ちゃんの奥さんなんだよ！　このまま会えなくなったら、どうすんの！　一人で先に行かないで！　しっかりと、後ろを見て！」

この日から秋史は、いつも私が後から付いてくるかを確かめ、手を繋いで一緒に行動するようになった。一人で先に行く秋史の癖は、漸《ようや》く、ここニューヨークで直った。


リンカーンセンターのメトロポリタンオペラもブロードウェイも、家から歩いて行ける距離にあったから、多くの舞台に二人で出かけた。

凍えそうな大雪の中、二人で歩く劇場からの帰り道、イルミネーションが煌めき、足元を照らす。しっかりと秋史が手を繋いでくれている。キンと空気は冷えているけれど、舞台の余韻も相まってポカポカと温かな思いだった。

日本では、二人で観劇なんて、ごく稀だった。いつも夜は一人ぼっちだったのに、ここでは、夜も二人で一緒に過ごせる。

結婚してからずっと抱えていた淋しさの大きな塊が、ニューヨークの地で少しずつ溶けて流れて行くようだった。

やっと、本当の夫婦、普通の夫婦になれた気がしていた。

しかしニューヨークは、実際に生活を始めてみると、意外に不便なことが多かった。入居してすぐの冬、マイナス20度の記録的な寒さになった夜のこと。上階の凍ったエアコンのパイプが破裂し、天井から滝のような勢いで水漏れがした。巨大なポリバケツを置いても溢れるほどの汚水。こんなこと、日本では考えられない。しかし、もっと考えられないことは、天井に開いた穴を塞いでもらうのに、1年以上かかったことにある。その立ち合いを何十回もしなくてはならず、ヘトヘトになる1年間だった。でも、オーナーへの交渉は秋史がしてくれる。今まで、家の中のことは私に任せていた人が、率先してやってくれるようになっていた。

また、子供のように可愛がっていた愛犬二匹が病気になった時にも、アメリカ随一の動物病院「AMC」(The Animal Medical Center)へ二人で一緒に連れて行った。

他にも、色んな細かい事件がニューヨークでは起きた。その度に、異国に住む二人、夫婦二人で力を合わせなくては、何一つ解決出来なかった。

秋史のニューヨークでの仕事は、日本語放送のスポンサー対応以外に、コンテンツ事業があった。日本の作品をアメリカに売却するのだ。

たとえば『料理の鉄人』を『アイアンシェフ』と名付けて売り込む。また今でもアメリカで放送されている『マンサーズ』。日本ではタモリさん司会で『トリビアの泉』として放送されていたものを、アメリカで制作し直したもの。現在も多くのケーブルテレビで放映されて、大きな利益を生んでいると言う。

「後にも先にも、あんなアメリカ人みたいに豪快な人、FCIニューヨークにはいないですよ！」

今でもFCI（Fujisankei Communications International, Inc.）で勤務している方が、そう秋史を懐かしんでくださった。

「宅間さんの下で働いていると、何でもやっていいよ、って感じで伸び伸びとさせてもらえる。でも肝心なところは締める。ホント、楽しかった」

他にも、平成中村座の歌舞伎をリンカーンセンターで上演したり、セントラルパークでジャパンデーというイベントを開催したり。本人もニューヨークの地で、それこそ、生き生きと仕事に打ち込んだ。

そのアメリカ人体質は、ニュージャージー州のラトガーズ大学の大学院に留学していた経験もあっただろうけど、元々持っている性格が大陸的だったのだと思う。

一方、ニューヨーク時代の私は、生活に慣れてしまうと、時間を持て余すようになっていた。時折、日本で撮影が入り帰国する以外、ニューヨークでの私の立場は、駐在員の妻、「駐妻」だ。しかし、日本人の駐妻コミュニティーに入ることは躊躇《ためら》われた。

「でも、何か、やんなきゃ……」

焦るように、取り敢えず色んなスクールに通い出した。

絵画や写真、乗馬、ブリッジ、ダンス。

写真のスクールは、「ＩＣＰ」(International Center of Photography)国際写真センター。元々写真を撮影するのが好きで、いつもデジカメを持ち歩いて日々の風景を撮影していたのだが、この学校に通うようになり新たな視点の置き方などを学んだ。課外授業でニューヨーク中の風景を撮影出来たのも貴重な体験だった。

絵画の学校でも野外学習でニューヨークの街を多く描いた。「The Art Students League of New York」という、１８７５年に設立された伝統ある学校だが、アマチュアからプロのアーティストまで通える柔軟な気風で授業料も高くない。実は私自身、絵に関してはコンプレックスがあった。母が天才的に絵の才能がある人で、幼い頃から私が絵を描くと、いつも母に呆れられながら修正されてしまっていた。だから絵を描くことが、ずっと怖かったのだ。でも描いてみたい衝動もあった。恐る恐るこの学校に通い出すと、とても自由に楽しく描かせてくれる。褒めてくれる。解き放たれたように、私は次々と絵を描き出した。

私がニューヨーク生活を楽しみ、あらゆることを吸収していく姿を、秋史は嬉しそうに見ていた。リビングに絵画が一つ一つ掛けられる度に「また画家さんの絵が増えましたね」と喜んだ。

しかし、ある夜のこと、なかなか眠れずにベッドルームを出て、ソファに寝っ転がった。リビングの壁一面には、20枚以上の絵画が飾られている。ぼんやりと眺めていた。ハドソン川やユニオンスクエアの風景画。自画像。裸体モデル達のシルエット。愛犬達の油絵。瓶を描いた静物画。

本当に沢山の絵を描いてきた、と思ったら、急に不安が過《よぎ》った。

「私、ニューヨークに何しに来たんだろ。絵を描きに来たんだっけ……違う」

そうだ、私には芝居があったはずだ。そう気が付いた。

そして、次の日から日本で上演した二人芝居を英語で上演するプロジェクトを始めた。

ニューヨークで舞台を上演するのは、日本とはシステムが全く違う。制作段階では、次から次へと困難が押し寄せた。しかし、２００７年、プロジェクトを始動して2年半後、ニューヨークのオフブロードウェイ、「Theaters at 45 Bleecker Street」で、二人芝居『I and Me & You and I』の上演まで漕ぎつけることが出来た。

芝居を観たニューヨーカー達が、膝を叩いて大笑いし、鼻を啜《すす》りながら泣いてくれた。そのアメリカ人の姿を見て、ニューヨークで働く日本人が、誇らしいと絶賛してくれた。秋史も「自慢ですよ」と、しっかり言葉に出して褒めてくれた。

秋史の駐在とサポートがなければ、存在しなかった舞台だった。

「妻の書いた作品は本当に才能あるもの。是非、ニューヨークの人達に観せてあげたいんです」

舞台のプロデューサーに、秋史が頼んでいたのだと、つい最近になって知った。ブロードウェイの大舞台をプロデュースしたことで有名な制作プロダクション「GORGEOUS ENTERTAINMENT」に、私自身が脚本を持ち込んで実現することが出来たが、秋史は私の知らない場所でこう頭を下げていたと言うのだ。秋史は、いつものように口を出さない、見守るだけ、私の体を気遣うだけ、と思っていた。でも、陰でこんなことをお願いしていたのか……。

秋史の眼差しは、まるで娘を見守る父親のようにも思える。

２００８年の夏、秋史はニューヨーク赴任を終え日本に戻り、私も従った。その後、ライツ開発局や事業局などで勤務したが、15年にフジテレビから独立し、制作会社やレストラン事業など、いくつかの会社を立ち上げた。

この独立にあたっては、秋史から相談もなく事後報告だけだった。でも私も、私達は二心二体だからと不思議には思わなかったし、秋史が決めたことを誠心誠意応援する気持ちでいっぱいだった。

なぜなら、私達は夫婦だから。

5年間のニューヨーク生活が、私達をより夫婦らしくしてくれ、絆をより強固にしてくれていたから。

夫と妻というのは、まるでボコボコに入り組んで離れている二つのレゴ。そのレゴが、いつしか合体され、一つの形を作っていく。一日一日結婚生活を送っているうちに、出来上がってくる。そして、夫婦という一つの作品を作り出すのかもしれない。

10月1日は、腫瘍摘出の大手術

食道がん摘出手術は、19年10月1日。しかし、その前に、7月末と8月末に2回、それぞれ1週間の入院で抗がん剤治療を施された。その上、9月には、血栓が肺に飛び緊急入院もしている。

7月の初めての入院の時、まるで海外のホテルに到着したかのように、私は動画を撮影した。

「ここがベッドルームです。こちらがシャワーも付いているバスルーム、洗面所は入り口横にありま〜す！」

お互いの胸の奥の奥はどす黒い不安だらけなのに、まるで旅行中のはしゃいでいる夫婦のようだ。

「こんなの、食べられないよ！　みっちゃん、お昼は、展望レストランだ！」

提供された病院食を一目見るなり、秋史が提案した。美食家の秋史にとって、病院食はあまりにも質素だ。これからの入院の日々を覚悟して、まずは豪華なもので胃も心も満たしておきたかったのだろう。

病院の11階にホテル経営のレストランがある。入院着のまま、ウキウキした素振りでエレベーターに向かう秋史。骨折で松葉杖だった私は、漸く杖をつくだけで歩けるようになり、必死に秋史の後を追った。時々私を気遣うように秋史が振り向いてくれる。

恰幅のいい後ろ姿は、１７８センチの高身長ではあるけれど、86キロの体重で、少し重過ぎる。こんなおデブさんに癌が潜んでいるなんて、信じられない。

病院のレストランにしては高い価格設定のステーキとビーフカツ定食を頼み、二人で分け合って食べることにした。

「明日から、朝ご飯、どうしようかな、困っちゃうな」

ふと、私がぼやいた。

「そうだね、一人で和定食は難しいかな。でも、ちゃんと食べてくださいよ。体、気をつけないと」

病気の秋史が、私の食事の心配をした。

我が家はニューヨーク赴任以来、ほとんど秋史が料理担当だ。朝は、たまのパン食を除いて、和定食。アジや鯖、銀鱈など、毎日干物や粕漬けの焼き魚が並び、味噌汁、納豆、シラスおろしや薬物の胡麻和えなど、全て秋史が用意してくれた。ここ数年は、私が炊いた酵素玄米もプラスされたから、完璧。

「こんな朝食食べてる人、滅多にいないよ。我が家は健康家族だね」

秋史は、自分が作った朝食を、誇らしげにそう言っていた。なのに、癌が巣食うなんて、一体どういうこと……。

秋史の背後には、美しい東京のパノラマが広がっている。真っ青な空に、絵に描いたような白い雲がぽっかり浮かんでいた。眼下には、来年開催されるはずのオリンピックに向けて、新国立競技場がほぼ完成している。

「良かったね、早くに癌になっといて。来年癌になったら、オリンピック、観られないじゃない？」

意味のわからない励ましを言う私の前で、ガツガツと肉を頬張る秋史。

「日本が、3位決定戦に入って欲しくないよね。でも観たいし、複雑。あ〜、決勝のチケット取れなかったの、悔しいよね」

大好きなサッカーのチケットは3位決定戦しか当たっていなかった。ようやく秋史が口を開いた。

「いいじゃないですか、東京でオリンピック観られるんだし、来年は元気になってるし、決勝は、テレビでゆっくり観ましょ！」

結局、次の年2020年に、オリンピックは開催されなかった。

秋史も、元気にはならなかった。


「行ってきまーす」

手術日の10月1日、もうすでに4回目の入院だ。朝7時過ぎに、病室から歩いて手術室に向かう秋史。慌てて追いかけ、看護師さんが側にいたから、背中をポンポンと叩くように誤魔化しながら、ハグをした。

「じゃあね！」

手を振って、早足で秋史は去って行った。あっけないなあ。

長時間手術に立ち合う家族は、私一人。何しろ、私達は一人っ子同士の結婚、兄弟姉妹も、その上子供もいない。待つ間、私一人では心細かろうと、あらかじめ秋史が、自分の従弟と親友の奥さんに、私の側にいてくれるよう頼んでいた。でも結局長引く手術のため、その二人も帰ってしまい、私は廊下のパネルで仕切られた待合場所で、一人ぼっちになった。昼間は、他の手術の立ち合いで何組かの家族の声も聞こえていたが、夜になると誰もいなくなった。恐ろしいほど静かな病院の廊下。ふと、気付いた。

秋史がいなくなったら、私は一人。

実感して身震いがした。そう思った直後、頭を振って、違う、まだ一人じゃない、秋ちゃん生きてるよ、これからだって生きるんだから……と胸を叩きながら言い聞かせたのを覚えている。

「いや〜、手術、大変でしたよ、脂肪が多くて、なかなかメスが入りませんでした」

手術開始から13時間後、切り取った患部を見せながら、主治医が笑った。釣られて私も笑った。転移が見られるリンパ節は、全て切り取ったから安心と、説明を受けた。

そうだ、傷口が治りさえすれば、大丈夫なんだ、神様ありがとう、と手を合わせて感謝した。

手術後、長年タバコを吸っていたため肺に水が溜まり、ＩＣＵ（集中治療室）もＨＣＵ（高度治療室）も長引いてしまったものの、総じて順調に快復した。もちろん何も飲食出来ないのに、どういうわけか、「コーラが飲みたい」と我儘を言う秋史。

手術から9日目、ＩＣＵの廊下で歩行器を使ってリハビリの歩行訓練をした。

すごい！　歩ける！　這うようにゆっくりだけど、歩けるじゃない！

秋史が、突然、前方を指差した。

「どうしましたか？」

看護師さんが、心配そうに聞いた。そこにあったのは、医療用冷蔵庫。息絶え絶えで、

「ここに……コーラ、入ってる？」

秋史が聞いた。

「コーラ？　やだ、宅間さん、こんなところに、コーラ入ってる訳ないですよ！」

「……がっくり！」

落ち込む様子を見せた秋史が、顔を上げニヤリと笑った。冗談だとわかって、両側で体をサポートしている理学療法士さんや看護師さん達全員が、ホッとして大笑い。

「何、おバカなこと言ってんの、秋ちゃん！」

大手術の直後は、本当に苦しそうで悲惨な姿だった。でも日々、確実に快復していく姿が、とても逞しく思える。その上、喋るのもままならない中で、周囲を笑わせる秋史を誇らしくも感じていた。

10月26日には元気に退院。退院したその日は、六本木ミッドタウンの「糖朝」に行って、お粥を食べた。秋史は、顔をクシャクシャにして「美味しい」と呟いた。美味しいものを食べるのが大好きな秋史。次の日には、自分で作ったポークピカタも食べてしまった。本来なら流動食のはずなのに、元気いっぱいを享受したかったのだろう。しかし案の定、30日には腸炎で緊急入院してしまう。1週間で退院したものの、その後、11月20日には、高熱が出た。縫合不全で、「嚢胞《のうほう》」という膿が傷口から滲み出て、胸に溜まってしまう合併症になった。入院は、翌年の1月26日まで66日間と長引き、年を跨いでの長期になってしまった。でも、秋史自身は元気だったから、私がお見舞いに行くと、二人でサイコログームをしたりして、楽しい時間を、それなりに過ごしていた。ただ、炎症反応の検査結果を聞く度、今週も退院出来ないと二人でしょげてはいたけれど。

クリスマスもお正月も私一人で飾り付け、一人で片付けた。飾られたお供え餅やら、私の出身である伊勢のお飾り、「笑門」の木札が特徴のしめ飾りの写真を見せると、秋史は快活に答えた。

「来年は、豪華なクリスマスとお正月にするからね、みっちゃん、許してよ！」

秋史は、確かにそう言った。

私は、1年後が待ち切れない思いだった。

トイレの世界地図

結婚生活36年半、色んなところに旅行した。

二人とも、旅行が好きだった。いつも秋史は仕事で忙しいけれど、旅に出ると24時間、共に楽しい時を過ごせた。子供もいないから、その分旅行に出やすかったこともある。秋史は計画を練るのが得意だったし、私も調べるのは好きだったから、二人で競うようにプランを立て、現地に行けば動き回った。いつもは疲れやすい私の体だったが、旅に出ると、アドレナリン全開で元気になった。

　ニューヨーク赴任の頃は、近いこともあり、ヨーロッパのほとんどの国を訪問した。また、南米のペルー、チリとか、コスタリカ、インドや、アフリカ大陸のモロッコ、チュニジア、クルーズ船だって、東地中海、北欧、南米と、3回も乗せてもらった。東南アジアはほとんど、ブータンも行った。そうそう、サッカー観戦で行ったところもいっぱいあった。ブラジルワールド杯にも行った。オーストラリアでのアジア杯も、中東のUAEも、フランスもベルギーも韓国も、みんな、サッカー観戦だ。

　我が家のトイレに、世界地図が貼られている。行ったところをコインで削るようになっていて、削ると、国の様相が現れる仕組み。謂わば、我が家の旅の歴史だ。秋史はトイレの中で行った国を見ながら、色々思い出すらしい。トイレを出た途端、旅のエピソードを話す時があった。

「アマゾンでは、みっちゃん、タランチュラに愛されちゃったよねえ」

　アマゾンの奥地に行った時、初めて見た蜘蛛、タランチュラが、人の顔を覆い尽くせるくらい大きくて、震えるほど怖かった。もちろん、愛されたわけではない。私が歩く前方に、タランチュラが多く出現して、悲鳴を上げる回数が多かっただけだ。

「イグアナにも愛されて、オシッコ掛けられたよね」

南米エクアドル、ガラパゴス諸島に旅した帰りに訪れたのが、港湾都市グアヤキル。中心部にイグアナ公園というのがある。街の一角にある本当に小さな公園だ。まるで鳩が群れをなす日本の公園のように、イグアナがビックリするほど多く生息している。ガラパゴスでイグアナは見慣れていたけれど、都会の人が生活する憩いの場所にいるイグアナの大群が珍しくて、私は夢中でシャッターを押していた。と、突然後頭部から背中がヒヤリ！木の枝に留まっていたイグアナから、大量のオシッコが私の頭上に振り掛けられたのだ。私はギャアと叫び、地元の人々は大笑い。もちろん秋史も大袈裟に笑っていた。

「モロッコでは、料理食べたくないからって、みっちゃんに、2日続けて金華飯店へ連れて行かれた！」

それも違う。もう羊なんか食べられないから中華に行こうと言ったのは、秋史の方だ。揶揄われてばかりでは立つ瀬がない。こうなったら、私も応酬しよう。

「ドイツまで、サッカーの内田篤人選手を応援しに行った時、練習場で私が内田選手に話しかけるから、写真撮ってね、と頼んだのに、秋ちゃん、ボンヤリしてて、全然撮ってなかったじゃない！」

「あれ？　そうだっけ？」

「あ、コスタリカでもそうだ！　ケツァールのこと！　幻の赤い鳥で滅多に見られないのに、私達のところに集団で飛んで来てくれたじゃない。喜んで秋ちゃん長くビデオを回してたけど、スイッチ入れてなくて、撮り損ねたじゃん！」

「ひえ～、ご勘弁、ご勘弁！」

こう言うどうってことのない会話が、私達の大半の会話。くだらない内容ばかり。ふざけてばっかり。でも、だから、楽しかった。

トイレと言えば、こんなこともあった。秋史がトイレに入っていた時、お腹の調子が悪かった私が我慢出来ず、トイレの前で七転八倒していた。

「秋ちゃ～ん、秋ちゃ～ん、お願い、早く出て！」

私としては、立っては待てない。寝っ転がりながら必死に悶えていた。

しかし、その出来事は、秋史が私を揶揄う材料になってしまった。その後、私がトイレに長く入っていて出てくると、いつも床にでんぐり返ってのたうち回る秋史の姿があった。カレンとセリーナも不思議そうな顔をしている。そして弱々しい声で言うのだ。

「みっちゃ～ん、みっちゃ～ん、お願い、早く出てぇん」

「やめて！　もう！」

私は呆れながらも、いつもその姿が愉快で、笑った。

こうやって秋史は、人の失敗や滑稽なことをしっかりと覚えていて、揶揄うのが大好き。

面白がって笑いに変える天才。

二人だから、楽しめる

楽しいことは、いつも一緒だった。

旅行、食べ歩き、サッカー、中国宮廷ドラマ鑑賞。

南アフリカワールド杯から、私がサッカーに興味を持つようになったら、同志を見つけたように秋史は喜んで、サッカーの話題だらけになった我が家。選手の移籍とか活躍のニュースが飛び込んでくると、家で話せるまで待てなくて、メールで教え合った。

食事は秋史の担当だったけれど、作らない時には、色んなレストランへ行った。初めてのレストランを、お互い見つけては訪問し新しい味を堪能した。

中国ドラマもそうだ。80話もあるような宮廷ドラマに、二人で嵌《はま》った。予算のたっぷりあるセットや衣装、込み入ったストーリー。日本のドラマや映画に携わる二人だからこそ、関係のない中国ドラマを満喫出来たのかもしれない。最後に入院した時も、秋史から

ＢＳの宮廷ドラマの録画を頼まれ、毎週録画していた。退院したら、一緒に観る予定だった。

秋史がいなくなって、サッカーを観なくなった。ＤＡＺＮも、スカパーも解約した。家の周りのレストランは、どこにも行けない。いや、家の周りだけじゃない、訪問したレストランは、あちこちにある。東京中のレストランに、行けたもんじゃない。コロナ禍だから、旅行なんて出来ないけれど、出来るようになっても、計画してくれる秋史はいなくなった。たとえ旅に出ても、秋史と一緒じゃなきゃつまらない。秋史に頼まれて録画した中国ドラマは、何十本もハードディスクに溜まってしまっていた。

でもね、全部、消去しちゃったよ。いいでしょ？　一人で観たって、楽しめないもの。楽しいことなんて、いっぺんに、全部、なくなっちゃった。

競馬とジャズダンス

確かに私達は、何でも一緒にするのが好きだった。サッカー観戦だって、旅行だって、映画だって。一緒に観たり歩いたり食べたりするから、楽しさ倍増。

でも一緒に出来ない趣味も、そう言えば、あった。秋史の競馬。私のジャズダンス。

秋史は、競馬が好きだった。と言っても、多くを賭けて儲けることが好きなのではなく、あらゆる資料を分析して予想するのが好きなのだと言っていた。秋史が競馬新聞を読んでいる時、私は声をかけることが出来ない。一人の世界にどっぷりと嵌り、集中している。そしてその後、秋史は渋谷の場外馬券売り場まで行き、馬券を購入するのが通例だった。

「あそこまでの往復の道とか、ごった返した売り場の中で、あの馬かこの馬かと最後まで考えて馬券を買って、帰りにゴムのような焼きそばを買い食いする。これがもう、至福の喜びなのよ」

私はニューヨークで乗馬を経験してから、走る馬達の表情を見るのが好きになったけれど、馬券の予想には興味がなかった。

そう言えば、我が家のワンコ、先代のビギンとジェシカ、そして現在のカレンも、その名前は全て競走馬からもらっている。

１９８９年の私の誕生日は競馬の菊花賞当日で、大当たりした秋史が、その日家族になったワンコに、競走馬のバンブービギンからビギンと名付けた。数年後に産まれたジェシカもそう。カレンに関しても、2012年3月の高松宮記念で優勝した「カレンチャン」という馬から名付けた。名前を付ける時の秋史は、すこぶる機嫌が良かった。

最後の入院でも、ICUに行くまでは、秋史はネットで馬券を購入していた。


秋史の競馬に私は立ち入ることが出来なかったけれど、私のジャズダンスも、流石に秋史とは一緒には踊れない。

30代の頃、少年隊のミュージカルに出演したことがきっかけで、ジャズダンス界の第一人者、名倉加代子先生のスタジオに通うようになった。途中、仕事やニューヨーク赴任で20年近く休んでいたが、6年前からシニアクラスのレッスンに復活した。仕事が忙しかったり寝不足な時には休みたいと思ったりしたけれど、その度にいつも秋史は背中を押してくれた。

「行ってらっしゃいよ。行けばきっといいことがあるよ」

確かに、スタジオに行き、80歳に近い名倉先生の奥深い振付で踊ると、全てのマイナスが吹き飛ぶ。力が湧き出る。秋史も踊る私が好きだった。

19年の7月初め、私は足を骨折した。実はその1ヶ月半後の8月終わりに、ダンスの発表会が控えていた。演目は『リベルタンゴ』。難解だが大人の表現が必要なタンゴで、振付はまだ途中だったが名倉先生のダンスは魅力的だった。何としても出演したい。骨折はしたものの、どんなことをしてでも治して踊るんだと息巻いていた。

でも直後に、秋史の食道がんが判明し、発表会に出るなんて無理だと判断した。私は名倉先生に電話した。事情を話すと、先生は心底わかってくださり、出演の取りやめを承諾してくださった。

しかし、その夜、じっくり考えた。秋史の手術は10月、それまで、ただ秋史のことを心配する毎日は辛過ぎるのではないか。発表会は8月だもの、もし骨折が治るんだったら、出演してもいいんじゃないかしら。

もう一度、名倉先生に電話した。

「そうよ、そうよ、出ましょうよ。骨が治るの、いくらでも待ちますからね。直前で無理になったとしても、ちゃんとフォーメーション変える準備はしておきます。ご主人、きっと良くなりますよ。元気になった時、出演していなかったら、後悔しますからね。美智子さんが元気にならなくちゃ、ご主人も元気になりません。待っていますからね。大丈夫ですよ！」

名倉先生の温かい言葉は、秋史の発病にショックを受けたばかりの私の体の奥の奥まで沁み込んだ。

その後、私は猛烈な勢いで骨折の治療に専念する。超音波を当てたり、特別な整体に行ってみたり。いつの間にか、自分が骨折を克服することで、秋史の病気が治るような錯覚さえ起こしていた。そして驚異的なスピードで骨を治し、遅れていたダンスの振付を覚え、私は真夏の舞台の上に立った。

いつもは発表会に来てくれる秋史は、抗がん剤治療の入院中だから、もちろん客席にはいない。でも私は、客席にまるで秋史がいるかのように必死に踊った。

この『リベルタンゴ』は、秋ちゃんのためだよ。秋ちゃん、見てて。

踊り終えた後、緞帳《どんちょう》が下りる瞬間、私は、これで秋史の病気はきっと治るに違いないと勝手に確信して、涙で客席が見えなくなっていた。

ウェルカムバック　秋ちゃん！

6回目の入院生活が、ようやく終わった。19年11月から年を跨いでの、長い66日間。縫合不全が完治し、膿も胸に出なくなり、晴れて退院したのが20年1月の終わり。

退院するその日、私は、遅れて来たクリスマスのように、家の廊下をキラキラモールのアーチで飾り、色とりどりのマジックで書いた紙をぶら下げた。

「Welcome back! AKIFUMI!　おかえりなさい、秋ちゃん！」

やっと、やっと、秋ちゃんが帰って来る。

病院から戻り、共に家に入った秋史が、子供じみた飾りを見て、一瞬顔をひしゃげながら照れ臭そうに笑った。

「ただいまで〜す！」

でも、掠《かす》れた秋史の声なんか聞こえやしない。愛犬のカレンとセリーナが、狂ったように喜んで吠えたてたからだ。絡みつく二匹に追い立てられながら、リビングの赤いソファにやっと座った。カレンとセリーナが交互に、いつまでも秋史の顔を舐めまくる。

「ただいま、カレンちゃん、ただいま、セリーナちゃん、お利口さんにしていましたか？　みっちゃんを困らせてなかった？」

顔中がベタベタになっても、本当に嬉しそうな秋史。私も淋しい一人の生活が漸く終わると思うと、涙が溢れた。

しかし、その幸せな気持ちを噛み締める時間はあっけなかった。

その10日後、リンパ節への癌の転移が判明したのだ。頭を殴られたような気がした。あんなに長い入院生活を我慢したというのに、入院中に転移していたなんて！

がっくり肩を落とす二人に、淡々と主治医が言った。

「食道がんというのは、転移してからが、始まりみたいなものですから。これからが、本当の闘いなんです。だから、大丈夫。ここから、皆さん、快復されるんだから」

そうなの？　食道がんの人は、みんな転移するの？　みんなってことはないでしょうけど、これが普通？　と、頭の中で、主治医の言葉を理解しようと必死になった。

それまで、ネットで食道がんは転移しやすいという記事を何度も見ていたから、秋史も御多分に洩れずということなのか。その事実を受け止め切れない。しかし主治医が普通に、いや、むしろ明るく診断したことによって、現実を受け入れるしかなかった。秋史も、物凄くショックには違いないだろう。でもお互い、落胆した思いを相手に見せないことに必死だった。

「これが普通、スタンダードなんだから、仕方ないね。そう簡単にはいきませんよ」

秋史はケラケラと言った。

「そうだよねえ。簡単にはいかないわよねえ」

私も胸の内を見せないよう同調した。そう、これがスタンダードなんだったら、普通に頑張ればいいし、再スタートすればいいのだ。
もう一度気を取り直し、治療方針を聞いた。今回は抗がん剤治療にプラスして、放射線治療も施されることになった。

その後、2月と3月に抗がん剤治療のため入院、30回の放射線治療も始まったが、またもや嚢胞が再発しての緊急入院もあり、放射線は中断。再開して、予定していた治療が終わったのは、20年3月の終わりだった。

転移して、「ここからが食道がんとの本当の闘い」と言われ、仕切り直した秋史は、漸く放射線と抗がん剤の治療を終えることが出来た。そして成果を見るため、4月になり、CTと内視鏡検査を受けた。

この時期の東京は、コロナ禍で1回目の緊急事態宣言中。いつもは多くの患者で溢れ返っている大病院のロビーは、人っこ一人いない。恐ろしいほど静か、閑散としていた。深刻な症状以外の人は、診察が許されなかったのだ。だから、いつもは延々と長く待たされるのに、検査も診察もほとんど待つことはなかった。
「ある意味、ラッキーだね、私達」

病気をしてから、私はラッキーという言葉を敢えて多く使っていた。私達は不幸ではないのだと。この病気になったからこそ、得られる何かがあるはず。意味があるはず。後で、あの時ラッキーだったねと言えるはず。そう思いたかった。

じっくりと検査画像をチェックしていた主治医が言った。

「いいですね。腫瘍が小さくなっていますよ」

この後、2回の抗がん剤で治療はひとまず終わりと診断された。

「やった、やった！　神様、ありがとう！」

その日の日記には、跳ねるような字で、そう書いていた。


でもその後、抗がん剤治療のために入院したのに、細菌性肺炎になり、予定されていた2回の抗がん剤治療が終わったのは、6月の末だった。すでに、前年の発病から、ここまでで、12回の入院を繰り返していた。でも、これで、やっと秋史は快復へのレールに乗れるはずだ。私は信じてやまなかった。

家族　子供

私達家族は、二人っきり。お互い兄弟姉妹もいない一人っ子同士。秋史の両親はこの数年で他界し、96歳になる私の母は、車椅子で歩けず、認知症で施設に入っている。子供もいない。

本当は、私は子供が欲しかった。子供が純粋に好きだったし、秋史も子供に接するといつも可愛がっていたから欲しかったはずだ。だから子供を持つことは、私達にとっては必然だった。

しかし、結婚してすぐに私は、子宮内膜症という病気にかかる。子宮の内側を覆う組織が、子宮以外の場所で増殖、剥離を繰り返す病気。特に月経中は、激痛が走る症状で、『ひょうきん族』の番組収録をしていた時にもこの痛みに襲われ、脂汗を出しながら司会を続けていたことがある。夫婦の営みも痛みが走る。

でも、子供は欲しい。

人工授精を始めた。治療は1年近く続けたが結果は得られず、体外受精に移行することを医師から勧められた。しかし当時、体外受精を施すクリニックは数が少なく、また世間でも理解が得やすい状態ではなかった。沢山の不妊治療を求める人が集まる待合室を想像すると、そこに通うことも躊躇われた。

体外受精をどうするか。

「僕は子供はいらないよ。みっちゃんと二人で生きて行ければいいさ」

そう秋史が言ったのは、結婚して7年くらい経った頃だっただろうか、どこかの旅行先でだった。浜辺に面したテラスレストランで、秋史の前の蠟燭の火がゆらゆら揺れていた。潮の香りがしていた。

「子供が出来たら、こうやって旅行も出来ないでしょ」

私は、子供は欲しいものの、体外受精で産まれた子に、どうやってその事実を言えばいいんだろうとか、今から思うと大した問題ではないことに悩んでいた。またすでに、舞台出演など仕事の予定もあった。その上、秋史がいらないと言っている。それでも尚、子供作ろうよと押す必要があるだろうか。

「そっか……。いいか、別にいなくても」

恐らく秋史は、私が苦しんでいるのを見るのが嫌だったんだと思う。病気がある上に、子供を産むための色んな困難を私にさせたくなかったし、痛みに耐える私を見るなんて避けたかったに違いない。

しかし、諦めたと言っても、あの無垢でフワフワの赤ちゃんを抱く夢をいつも見ていた。だから街で子供連れの人を見るのが嫌だった。友人の子供の自慢話は笑って頷きながらも、地獄の時間だった。そういう思いは長い間続いた。そして、この子供がいない私の苦悩を一番わかってくれる人は、やはり秋史だったと思う。同じように彼も、苦しいとまではいかないまでも、寂しかったに違いない。

でもそんなことは年齢を重ねてもう吹っ切れた、と思っていた。


人工呼吸器を付けてはいたけれど、まだ筆談が出来た頃、病院で付き添っている時に、言ってみたことがある。

「秋ちゃんとの間に、子供欲しかったな」

秋史は、「そうだね」と書いた。

「もし子供がいるとしたら、男の子、女の子、どっちがいい？」

秋史は、「おとこ」と書いた。

「私は女の子がいいなあ」

その後、私は一人喋りで、男の子だったら、どちらに似てるんだろう、イケメンな子がいいな！　サッカー出来る子がいいとか話しながら、本当にここに息子がいてくれたら、どんなに心強いだろうと思っていた。

秋史は、普段、女の子が大好きなのに、男の子が欲しいと言ったのは、不可思議だった。自分のことを継承する男子が欲しかったのかな。

どちらにしても、子供は、欲しかった。子供がいなかったから、あんなに世界中色んな国に旅が出来たと思うけれど、旅行なんか、一つも行けなかったとしてもいい。子供、欲しかったなあ。
秋史も、いいお父さんになったに違いないと思う。だって、私にとっても、いつもお父さんみたいだったもの、秋ちゃん。

そっか……私は、秋史の子供でもあったのかもしれないな。

家族　ビギンとジェシカ　カレンとセリーナ

結婚して、5年くらい経った頃、秋史が私の誕生日に犬をプレゼントすると言ってくれた。ガラス張りのペットショップの前を通ると、いつも齧《かじ》り付いて離れなかった私を見て、そう思い付いたのか。仕事で忙しく、私に淋しい思いをさせて後ろめたかったからかもしれない。二人で沢山のペットショップを回り、まるでコダヌキのような容貌の頭の良さそうなワンコを選んだ。シェットランドシープドッグ、シェルティのビギンだ。成犬になればコリー犬に似てスラリとした鼻筋になるけれど、子犬の頃は鼻ペチャで、子熊か子狸に見える、愛くるしいワンコだった。

実は秋史も犬好きだと、飼ってみて初めて知った。散歩したりお風呂に入れたりはもちろん、車に乗せて海に連れて行ったり、泊まりがけでワンコを連れて遊びに行く。

その後ビギンは子犬を産み、その一匹のジェシカを手元に置き、二匹になった。ニューヨークに赴任した時も、二匹はもちろん同行した。高齢だったビギンは、まもなく亡くなったが、残ったジェシカを連れて、アメリカの南部やカナダまで、レンタカーで何度も旅をした。

しかしジェシカも、親のビギンと同じように心臓が悪くなり、衰えていった。利尿剤を服用しなければならず、1時間おきにオシッコがしたくなる。しかし、ジェシカは外でしか用を足せないから、その度に48階の部屋から下りて外に出さなければいけない。私が撮影の仕事のため日本に帰国している時には、ペットシッターだけでは賄えず、秋史が1時間か2時間おきに、会社から家に戻って世話をしていた。

真夏のマンハッタン、ビルの反射が厳しい炎天下、急ぎ足で汗びっしょりになりながら、ジェシカのために家に帰る秋史。その度に濡れてしまったワイシャツを着替え、会社に戻っていく。その往復。そんなに大変だったのに、日本から戻ってきた私に秋史は文句一つ言わなかった。言ったとしても、楽しそうに報告してくれた。

「まるでジムで早歩きのトレーニングやって、サウナ入ったみたいよ！　ジェシカちゃんには、いい運動させてもらうよ！」

私がニューヨークの病院で卵巣嚢腫の手術をして家で療養している時も、いや、体が弱くて、しょっちゅう風邪引いていたから、私が寝込んでいる時はいつも、秋史が、会社から何度も家に戻って様子を見てくれた。ジェシカの散歩をし、会食が入っている夜には私の食事の用意をして、また出かけて行ったっけ。そんな時、秋史は嫌な顔を一つもしていなかったな、と今更ながら思い出した。

やがて、ジェシカもニューヨークで亡くなった。二人ともあまりにも辛くて、抱き合いながらオイオイと毎日泣いた。子供を亡くした夫婦のようだった。ほとんど泣かない秋史の涙を、この時初めて見た。

もうこの哀しみは経験したくないから、二度と犬は飼うまいと決心した。それほど苦しい経験だったくせに、6年半後、同じ犬種、シェットランドシープドッグのカレンを家族に迎えた。先に逝かれることを重々覚悟した上で。

カレンも子供を産み、セリーナと二匹になって、淋しかった二人だけの生活も華やいだ。海や山に二人っきりで行くよりも、楽しさ倍増。ワンコが一緒にいて、小躍りして喜ぶ姿を見ると幸せな気持ちになった。

ワンコ達を通して、私達は色んな経験をさせてもらった。

ビギンやカレンの出産の時、私達が夜を徹して介添をした。ビギンの時は、ほとんどビギンが自分で上手に出産をしてくれたけれど、カレンの時は、全く自分では何もしない。お腹にいた二匹のうち、最初の一匹は上手く産道から出て来られず、やっと出て来たものの、動かない。体中を二人でさすり、小さな口から羊水を吸ったり息を吹き入れて人工呼吸をしたけれど、窒息死してしまった。今度はお腹に残った一匹を、二人で慎重に、でも迅速に息を詰めながら引っ張り出す。

「ギャ〜〜〜ギャ〜〜〜」

330gの子犬が、悲鳴のような産声を上げた時には、飛び上がるほど嬉しかった。濡れた子犬を真ん中に挟みながら二人で抱き合った。カレンの毛色は、シルバーフォックスのように美しい銀色なのに、産まれた子犬は、艶やかな漆黒色だった。子犬なのに手足をバタつかせる強さと俊敏性がアスリートみたいだと、秋史がテニスのセリーナ・ウィリアムズから、「セリーナ」と命名した。

カレンは、出産だけではなく、自分からお乳をあげることをしない育児放棄だったから、私達二人で24時間、1時間半おきに授乳をした。

「今夜は、みっちゃんが遅番だね？　夜中に起こすから、早く寝たら？」

交代交代で授乳を担当した。二人とも寝不足になりフラフラ、まるで乳児を抱える夫婦のような有様だった。

カレンは、その後、前十字靭帯断裂になり、後ろ両足の手術をしたことがある。退院後、今まで家の中でトイレが出来ていたのに、どういうわけか、その頃は出来なくて、極寒の真冬、二人でカートに乗せて真夜中に公園まで連れて行った。まだ後ろ足が立たないカレンを、一人が抱き一人が局部を刺激して、漸くオシッコが出た。オシッコから湯気が立つほど気温は零下で、二人とも寒さで震えていた。

ワンコのことで、嫌な思い出は一つもない。そんなに大変だなんて思わなかったのは、二人で協力していたからだと思う。

秋史は、先代のビギン、ジェシカを、まるで子供のように扱っていたが、それにも増して、現在のカレン、セリーナに対しては、孫に接するように甘く可愛がるようになっていた。

夜、一緒に外で食事をした後、家に歩いて戻る時、秋史はリズムを付けて歌った。

「カレンちゃ〜ん、セリーナちゃ〜ん、カレンちゃ〜ん、セリーナちゃ〜ん」

帰れば会えるのに、いつも、歌った。

昔の家族のビギンとジェシカ、今の家族のカレンとセリーナ、彼女達の膨大なビデオが我が家には残されている。

ビデオは、溜まるばかりで、一度も観ていなかったから、去年の夏、ワンコ達のビデオを観ようよと提案した。

「そりゃいいアイディアだね。ジェシカちゃんが、ハスの葉に飛び乗って溺れた時、すごい慌てて、ありゃ最高だったね。あのオトボケさん観るの、楽しみだ！」

体の調子が悪い中なのに、秋史は嬉しそうに一緒に観始めることにした。でも、たった1本観たところで、熱が出て後回しになり、そのままになってしまった。もちろん、ジェシカのオトボケなシーンは、観ることが出来なかった。

本当に沢山のビデオ。

私も、あんなにいっぱいのビデオ、いつになったら観られるのかと思う。ビデオの中には、ビギンとジェシカ、カレンとセリーナ、そして元気な秋史と、幸せそうな私が、うんと沢山収められている。

でも、もしかしたら、一生、観られないかもしれない。だって、過去の私に嫉妬してしまうかもしれないから。

こんな風に考えるの、変かな。

家族　母と父と母

私は、父が3歳の時に亡くなり、母一人子一人で育った。母は実母と反りが合わず、実家の援助も受けず、一人っきりで私を育ててくれた。しかし、母子家庭と言っても、私は、あまり金銭的なことで不自由な思いをした覚えがない。それは気丈で負けん気の強い母が、がむしゃらに働いてくれたお蔭だと思う。

建設会社を営んでいた父が亡くなった後、会社が倒産し、母は働かざるを得なくなった。母は保険の外交という職業を選んだ。時間の融通が利き、保育園や小学校から戻る私を連れて営業に回ることが出来るし、授業参観も運動会も仕事の合間に顔を出すことが出来るから。

母自身は、父親が満州の領事館勤めだったため、当時としてはかなり裕福に育った。

「満州の冬はマイナス何十度の寒さでね。でも楽しかったわ。家の中庭が広くて、夜のうちに水を撒いておくの。そしたら翌朝は凍って、立派なスケートリンクになったのよ。ママ、スケート上手よ。美智子ちゃんにも見せてあげたかったわ」

桁違いに恵まれた環境だった。そういうエピソードを小さな頃から私に聞かせ、まるで私もその環境にいるかと勘違いさせるほど、母は自分と同じように娘を育てようとしていた。料理好きの母の手料理は、いつも美味しいものが並ぶ。もちろん仕事も忙しいから、外食も多かった。学校も、中学からカトリック系の私立の女子校、大学も東京の私立に行かせてくれた。それらは、全て母のプライドだったのだと思う。

母は私のために自分の人生を捨てた。まだ若くて美人だった母だから、色んな男性からの誘惑はあっただろうけれど、彼等と再婚することはなかった。それは、最愛の娘のため。再婚で娘を可愛がってくれるかどうかわからない、だったら、一人で育て上げよう。娘のためだったら、命だって捨てられるという必死の覚悟だったと思う。

私は母の生き甲斐だった。とにかく、愛情たっぷりに育ててくれた。でも、その愛情が度を過ぎることもある。どこかで娘を所有物のように思っていたのかもしれない。だから、猫可愛がりをする一方で、感情に任せて、酷く叩くこともあった。叩かれる原因は、私にはない。仕事で嫌なことがあり、機嫌が悪いとスイッチが入り、その矛先が私に向かった。でも叩いた後、「ごめんね」と言って、強く抱きしめられた。叩かれるのが怖かったけれど、私の世界は母と二人っきり。どこにも逃げることが出来なかった。

この辺り、とても微妙で、人にはわかりづらいのだけれど、私は母のことが大好きで、でもどこかで嫌悪もしていて、でもやっぱり大好きで、今から思うと不思議な感情だった。

私は、いつも淋しかった。母は仕事で、いや、もしかしたら誰かと会っていたのかもしれないけれど、いないことが多かった。私は、いつも一人だった。いつも母の帰りを待っていた。外で救急車のサイレンが聞こえると、母に何かあったのではと妄想し、もし母がいなくなってしまったら、この世で一人になるという恐怖にいつも襲われていた。

「一人ぼっちは、嫌や」

長く待った末、母が帰ってくると本当に嬉しかった。でも機嫌が悪く、叩かれる日もある。そんな時には、思い出すのもあやふやな父の影を追っていた。

「パパが生きてたら、いいのに」

でも、今思うと、きっと母も淋しかったのだと思う。だからその淋しさを、私にぶつけていたのかもしれない。

情が厚く真面目な母は、自分の大切な娘を真剣に育てようとして、管理もしようとしていた。

だから、27歳という、まだ若いうちに私が結婚したのは、デートもままならない世間の目から逃れることもあったが、母親の監視下から離れたい気持ちもあった。そして、秋史のどこかに、父親像を求めていたのだと思う。大らかな目で見守ってくれて、どんな失敗をしても責めることなく、いつの間にかしっかりと導いてくれる。私が求めていた父親の要素を、秋史の中に見つけていたんだと思う。

一方、秋史の方は、大らかで天真爛漫だけど我儘な母親と、学究肌で頑固な父親という不思議な取り合わせの両親だった。結婚した当初は、義母が私のことを干渉したがったけれど、義父に許されず、踏み込むことをしなくなっていった。

この二人の性格が、そのまま秋史に入り込んでいる。母親の大らかで天真爛漫、あっけらかんとしている性格。父親の学究肌。秋史は見かけによらず知識が豊富で教養深かった。秋史の読書量は、剛から柔まで半端ない量で、知らないことは、ネットで調べるより秋史に聞いた方が早かった。

とにかく、義父の義母への箴言のお蔭で、私と姑との関係が悪くなることはなかった。近付くこともなかった。秋史も、我儘さから人と衝突することの多い義母との接点を少なくするよう間に立っていたからかもしれない。でも今から思えば、一人息子の嫁である私は、もっと義母の側にいて、娘らしいことをしてあげれば良かったとも思う。ただ、一つ違いの年齢でライバル心を持っていたのか、義母と仲良くすることを母が嫌っていたのを知っていたので、自然と私は距離を取ってしまっていた。

結婚した後も、母は、いつまでも私のことをコントロールしようとしていた。新婚家庭に3ヶ月も居座ったり、夫婦で決めた家具のレイアウトや食器の置き方までも、自分の思うように並べ替える。私の行動も指示する。たとえば、番組の打ち上げで遅くなり夜中に帰宅すると、事情がわかっている秋史は「お疲れ様」となるが、母は、形相を変えて玄関で待っていて、二度と遅くなったら許さないとヒステリックに怒られた。

結局私は、いつも母に翻弄されていた。もうすでに大人になっているのに、金属製の靴ベラで背中を叩かれて傷ついたこともあった。今から思うと、私の世界には母しかいなかったけれど、それは子供の頃だけ。でも母にとっては、母の世界には今でも私しかいない。親というものは、そういうものなのだろうか。必死になって私を育て上げてくれた母には感謝しかない。でも、複雑な思いもある。秋史は、そんな私の母への気持ちを理解しようとしてくれていた。

２０１０年、母が85歳の時、股関節の骨折をして入院した。それをきっかけに、それまで頭脳明晰だった人が認知症を発症した。

私は母の世話のため、伊豆にある病院や、退院後は、住んでいた熱川のシルバーケアマンションに足繁く通った。母は認知症の初期症状に自分でも戸惑うのか、激しく怒りモノを投げ、施設のスタッフを罵る毎日。当時、私に会うと全てをぶつけ、世の中を怨む言葉を連ねた。まるで母の口から、蛇が次から次へと零れ落ちるかのようだと感じたことがある。毎週のように熱川に通う度に、私の体も心も憔悴した。もっと母を冷静に見ることが出来れば、そんなに苦しくならなくて済んだのに。いつの間にか、私達は一卵性母娘のようになっていたのかもしれない。

ある日、熱川から東京に戻ると、地下鉄の駅に、秋史が迎えに来てくれていた。秋史が手を繋いでくれ、月夜の下、ゆっくりと二人で歩道橋の階段を上がった。私は、絵が盗まれたと母が騒いだり、リモコンを投げつけられたりして大変だったと報告した。体の疲れと、母がどんどん壊れていく情けなさで、ポロポロ泣いてしまった。

秋史が呟いた。

「お母さんも、きっと辛いんだろうなあ」

そう一言言っただけで、秋史は手をギュッと握ってくれた。手の温もりが体中に伝わった。母を思いやる言葉で、救われた。

歩道橋の目の前には、新興宗教の、ヨーロッパのお城のような巨大な建物が聳え立つ。

夜遅いというのに、沢山の飾り窓には、煌々と明かりが灯っていた。もし、今私が一人だったら、フラリと、このお城に吸い込まれて行っていたかも。良かった、秋ちゃんと一緒にいて。結婚していて良かった。結婚し続けていて良かったんだ。

そう思った。

夫婦、ハグ、キス、あいてま、なさい

結婚した当初、二人で取り決めたことがある。

出かける前には、ハグとキスすること。寝る前には、おやすみなさいと共に、「愛しています」と言うこと。この二つ。

新婚当時、戯れて決めたルールだったけれど、何となく続いていた。36年半続けてしまった。とは言えとても軽いもの、キスなんて小鳥のキスのように軽い。ワンコにチュッとするのと同じ。忙しい時とかちょっと喧嘩して気まずい時にも、一応、この決め事をした。おざなりに、ただのルーティーンですよという態で乱暴に抱き合った。

そう、死ぬ直前までこのルールは守られて、私は秋史にチュッてしていた。

寝る前の「愛してます」も続けられた。入院していて会えない時には、メールやラインで。でも「愛しています、おやすみなさい」が省略されて、「あいてま、なさい」となってはいたけれど。

それらは全て、ある意味、歯磨きみたいなもの。毎日の日課。ルーティーン。でも、歯磨きと一緒で毎日するから、虫歯が出来ない、酷くならない。そんな感じ。夫婦の間で、ルーティーンは大事。

この決め事によって、助けられた時も多くある。辛い時には、抱き合う時間が長くなって救われ、喧嘩をしている時には、ぞんざいでも「あいてま、なさい」と言って休めば、次の日まで引きずらずに済んだ。

そう言えば、仲良くしなければいけない理由が他にもあった。ワンコ達の存在だ。二人の話し合う語気が険しくなると、ワンコ達が心配し始めオロオロしたり膝に乗ったりするから、慌てて声のトーンを上げて、難しい内容でも優しく言わなければいけない。どちらかが少し険悪な口調になると、「ナカヨク、ナッカヨク」と歌うように言って、ワンコ達のことを気にした。

このルールのために、大きな問題があった時に激しく議論出来ず、邪魔になったこともある。でもお蔭で争うことは避けられたし、穏やかな二人の日々が多かった。だから私は、いつも秋史の側にいれば、安心出来た。寝る前に「あいてま、なさい」と唱えれば、いい夢を見られた。

やっぱりハグすること、「あいてま、なさい」って口に出すこと、これって大事かもしれないね。

おまえ百まで、わしゃ九十九まで

転移が判明して数日経った2020年2月の初め、私は5年連用日記というものを買った。

19年から23年の5年間が書けるようになっている。すでに過去になった19年は、秋史の発病がわかった年、その頃の事は思い出しながら書けばいい。そして4年後の23年、日記を全て書き埋める頃には、必ず癌から快復、寛解しているはず。この5年はこんなに大変だった、でも頑張ったという家族の記録になる。この後4年我慢すれば、全ては終わるはず。4年後はまた旅に出よう。クルーズ船の甲板の上なんかで、私は自慢げにこの日記を秋史の前で朗々と読んで聞かせるんだ。

そう思うと、苦しい毎日に立ち向かえる勇気が出てきた。なんだかワクワクして、真っ新な日記を何度も撫でていた。

日記を書き出して3ヶ月経った頃の5月26日。この日のページには、赤文字で「おまえ百まで、わしゃ九十九まで」と大きく書かれ、幾重ものハナマルで囲まれていた。

5月26日は、結婚記念日だ。それこそ「マフィアの結婚式」と喩えられ、大勢の人が飲み踊った狂宴のウェディングパーティーから、36年経っていた。

20年の結婚記念日、秋史は抗がん剤治療で入院中だった。

病室に入ると、ベッドの上で秋史が、缶入りのポテトチップスを胸元に抱え、上目遣いの戯《おど》けた表情で待っていた。

「結婚記念日、おめでとうございますぅ～」

病院内のコンビニで買ったトリュフ入りの高級ポテトチップスだった。高級といっても、500円くらいのもの。でも覚えていてくれたこと、わざわざ病院内のコンビニまで、エレベーターで降りて買いに行ってくれたことが嬉しかった。

「わ～、ありがとう、秋ちゃん！　36年だね。これからも、よろしくお願いしま～す！」

「これからの36年もよろしく」

「これからの36年って？」

「36年後は、僕は百歳だから」

「ホントだ！　百歳だ！」

秋史は64歳だから、36年経ったら、ちょうど１００歳ピッタリ。私は99歳。

「おまえ百まで、わしゃ九十九まで」

ことわざ通りの二人になる。今まで36年間長かったけれど、これからも36年、一緒にいられたらいいな。どんなことがあるんだろう、これからの36年……。

具体的に数字を挙げられると、現実になるような、また36年一緒に過ごせるような気がした。


そのポテトチップスは、大切に家に持って帰ったけれど、食べるのがもったいなくて、賞味期限も過ぎてしまい、哀し過ぎて、焦るように捨ててしまった。

取っておけば良かった。賞味期限過ぎていても、食べれば良かった。食べてみたかった。捨てたこと、すごく後悔している。

真夏の富士に、祈る

抗がん剤治療の合間の6月の終わり、秋史が突然、提案した。

「この夏は、涼しいところで過ごしたい。みっちゃんも、カレンちゃん、セリーナちゃんも、夏に弱いし、僕も療養しなくちゃいけないからね」

いつの間に調べていたのか、ネットで見つけた短期の貸し別荘の情報を見せてくれた。御殿場インターに近い須走にある古いマンションだが、ペットも一緒に宿泊出来る。確かに毛足の長いシェルティの二匹は、夏の暑さに弱い。私自身も子供の頃から夏には弱く、寝込むことが多かった。一方、秋史は夏には強い人で、夏になると活動的になっていた。しかし抗がん剤で弱った今年の秋史は、そういう訳にはいかない。毎年地獄化している東京の暑さは耐え切れないだろう。倒れて、また緊急入院になるのは避けたい。コロナ禍での東京から別荘への移動は躊躇われたが、秋史の体のことを思うと、許してもらうしかなかった。

二人で須走に下見に行った。東名高速を走らせる車の運転席は、私。

二人で車に乗る時は、必ず秋史が運転していたのに、発病してからはいつも私がハンドルを握るようになっていた。都内だけであまり長距離を運転する機会が多くない私は、心細い思いで御殿場に向かっていた。

「いつも秋ちゃん、車で色んなところ、連れて行ってくれたね」

九州も北海道もドライブしたし、海外でも車で旅したことを思い出して、あそこに行った、ここにも行ったと秋史と次々に思い出した。

「ニューヨークの頃は、ジェシカちゃんがいたから、何日もかけて南部をドライブした」

「ジェシカちゃんと一緒に、ボストンにも行ったしカナダの紅葉も見に行った」

「二人では、イタリアを車で縦断旅行したこともあるよ」

「ミュンヘンから、ウィーン、ブダペストも車で行った」

「あ、そうだ！　ジャマイカも！」

「そうだ！　のぞみが合流して！」

まだ、結婚して間もない頃のことを思い出した。秋史が大相撲ニューヨーク場所に同行して出張になり、私もグルメ番組の取材でアメリカに行き、落ち合って、ジャマイカへ旅した時のこと、ニューヨークの商社に勤務していたのぞみにシャレで電話したことがあった。

「のぞみに、『モダン会、今からしない？』って言ったら、『ＯＫ！　行く行く！』って、ホイホイ、ニューヨークから飛んできたよね」

「まさか来るとは思わなかった」

かつて、モダン会のみんなでホテルに泊まり、幼稚園児の昼寝みたいに雑魚寝して夜通し喋り続けたように、三人だけで、まるでミニモダン会のように、楽しい時間を過ごした。


「懐かしいねえ。あれって、もう30年くらい昔になっちゃった」

「最近行ったドライブ旅行は、どこだっけ？」

「この間、サッカーのヨーロッパ遠征に行ったじゃない」

「この間って、二年以上前だよ」

「フランス行って、ベルギーまでドライブして、途中泊まったシャンパーニュ地方の紅葉、綺麗だったね」

「また行きましょ」

「行きたい！　でも運転は秋ちゃんだよ。私はナビ担当の方がいいよ」

そんなことを話していたら、あっという間に御殿場インターに着いた。車を運転するのも悪くない。

下見をしたマンションは、ベランダから富士山が見えるはずだったが、大雨でその日は見ることが出来なかった。マンションは古びてはいたけれど、だからワンコも気兼ねなく宿泊出来る。何と言っても、東京とは10度違う涼しい気温が魅力的。

マンションは、2週間とか3週間ずつ、3回にわたって7月初めから9月1日まで借りることにした。

行ったり来たりはするけれど、9月の初めまではこの涼しい須走で過ごせる。帰る頃は、東京も暑さのピークは過ぎているだろう。今はまだ秋史は抗がん剤の副作用で調子が悪いけれど、その頃は良くなっている。それまでは、須走近くの温泉に毎日浸かり養生して、秋史だけでなく夏に弱い私も、カレンとセリーナだって、みんな元気注入だ。

「車の運転なんて、へっちゃら〜」

東京へ向かう帰りの高速道路は土砂降りの雨が降り続いていたが、スムーズに流れていた。下手くそで吹けない口笛を、吹いてみたい気持ち。隣で疲れて眠る秋史の寝息を聞きながら、久しぶりに明るい気持ちで浮き立っていた。

私達が最初に須走で過ごすようになったのは、7月の初め。その頃は、須走は毎日のように雨が続いていた。その上、歩いて行ける日帰り温泉が近くにあることでマンションを選んだのに、その温泉は不具合で温泉湯が出ず、沸かし湯になってしまっていた。不運に思ったけれど、そのお蔭で、多くの日帰り温泉に行くようになった。

「私達って、なんか、ラッキーだよね」

車で行ける日帰り温泉が周辺に沢山あることを幸運に思い、御殿場周辺、山中湖や河口湖周辺の、思えば10施設以上の日帰り温泉に、日替わりで訪れた。温泉は、秋史の体にいいはず、きっと癌に効くはず。信じてやまなかった。実際、私自身も東京の夏の暑さで弱っている上に、気煩《きわずら》いもあったから、温泉の湯は体の芯の芯まで、癒してくれた。

「ねえねえ、ちょっと奥さん、聞いてよ。ウチの嫁さんたら……」

湯船には、一日中お湯に浸かったり出たりを繰り返して、周りとお喋りを楽しむ地元のおばちゃま達の集団もいて、お喋りの声に事欠かない。彼女達の話題を盗み聞きしてはクスクス笑ったり、小さな子供達が湯面をバシャバシャ叩いて遊ぶから、顔にかかってしまうけれど、思わず微笑み返してみたり。ゆったりと幸せな時間が、湯気の中にはあった。

待ち合わせた時間に温泉を出ると、秋史がすでに出ていて、黒酢ドリンクとか温泉独自の飲み物を試していて、「こりゃ、なかなか美味しい」とか「これ、本当に飲み物？」とか呟いていた。その日、湯船の中で聞いた話題をお互いに話すのも楽しみだった。いや、話したのはほとんど私だけ、だったかな。

「この頃、御殿場へ引っ越してくる人が多いんだって。おばさん達が話してたよ」

「ふ〜ん、そうなんだ。僕たちも越して来ようか」

その時の秋史の言葉はなまじ冗談ではなく、その後iPadで須走や御殿場の別荘やマンションを検索していた。私も、本当にこの辺りに越して来られたら嬉しいなと、湧き立つ思いになった。涼しいし、カレンもセリーナも遊ばせられる。私も仕事の時だけ東京に戻ったって、1時間半で行ける。

須走で過ごし始めて数日後の早朝、目が覚めてリビングに出た。ベランダの向こう、何かが違う。驚いた。巨大な富士山が見えたのだ。雨が降り続いたり、霧が出ていて見えなかった富士山が、ようやく顔を出した。しかし、私の知っている美しい絵のような富士山ではなかった。白い雪をかぶっていない。暗い青緑色で野生に満ちた真夏の姿。その猛々しい山がベランダの景色を独占していて、ドーンと迫ってくる。

いや、実際、ドーンという音は聞こえたんだ。陸上自衛隊の駐屯地が近くにあり、演習の大砲などの実弾の音が、耳に響く時間がある。最初の頃は、カレンとセリーナは怯えて吠えたが、すぐに慣れてしまっていた。富士山と爆音。似合わなそうで、妙に相性が良い。大砲の音は、まるで富士山の雄叫びのようにも思えて来た。冠雪のない富士山は神々しい。神が宿っているかのようだ。思わず手を合わせた。

そしてその日から、朝に夕に、私は富士山に向かって祈り続けることが日課になった。

「富士の神様、秋ちゃんの体を、どうぞお治しください。癌を、どうぞ消してくださいますように。どうかどうか、お願いします」


7月は、秋史の体の調子がいい時が多かった。

毎日、カレンとセリーナを遊ばせるために公園に連れて行った。須走の道の駅の裏手に、須走多目的広場という広大な公園がある。芝生では私達がボールを蹴り合って二匹が追いかけ、森のように木が生い茂っているところでは私達二人が遠く離れ、それぞれ二匹を呼んで行ったり来たり走らせる。

「カレンちゃ〜ん、セリーナちゃ〜ん、みっちゃんのとこ、おいで！」

「今度は、こっちだよ、秋ちゃんのところへ、おいで〜〜！」

その度に、カレンとセリーナは、全力疾走。何度も二人の間をダッシュしていると、二匹は横から舌をだらりと出して座り込み、へたばる。ハアハアという荒い息遣い。でも東京の暑さとは違って涼しいから、すぐに二匹は復活してまた走りっこをせがむ。

秋史とカレンとセリーナの3ショットを撮影した。秋史と二匹の間に、そこにも巨大な富士山が鎮座し、いい写真になった。

須走に来て良かった。私達のこと、富士山がいつも見守ってくれているから。

7月の初めの頃は、秋史がいつものようにパスタや具の多いソーメンなどを作ってくれた。スーパーに買い物に行き、東京では見ない地元の食材を嬉しそうに秋史が手に取っていた。

外食もした。山中湖畔のカフェでランチをした時には、周囲のリゾートに来ている人の一員になれたようで嬉しかった。

御殿場市内の美味しい中華の店では、食事の後写真を撮ったら、秋史がピースマークをヒラヒラさせて口を尖らせ、戯けた表情をした。いつもふざけてばかりの人だったのに、最近は見ていなかった顔。そんなこと、久しぶり。「秋ちゃんが、やっと戻ってきた」と嬉しくなった。

秋史が検索して見つけた御殿場の美味しいパン屋さんで、パンを購入。美味しい匂いに釣られて、すぐに車の中で食べた時には、秋史の食欲が戻ってきたようで、ブルーチーズの載ったパンを頬張る横顔が逞しく思えた。

順調に、そう順調に、快復しているんだと思い始めていた。でも、そう思えたのは、ほんの1週間くらいだったかもしれない。

次第に、少しずつ、様子が変わって行く。

咳き込むことが多くなり、また首から背中にかけて凝っていると訴えるようになった。疲れやすく、スーパーへ行っても好きな食材の買い物を私に任せ、車の中で待つようになった。外食をしても、注文しておきながら食べられないことも多くなっていった。

咳き込むのは、抗がん剤の副作用と秋史は言い、背中の凝りも疲れたからだと言う。

もうこの段階で、私は不安で仕方がなかった。転移しているのではないか、咳をするのは気管への転移？　首から背中への痛みも、癌が悪さをしているのではないか。

しかし秋史は怒って、私の不安を真っ向から否定した。

「全然大丈夫なんだから。自分の体のこと、ちゃんと自分でわかっているから！」

でも、今から思うと、秋史本人も疑っていたのかもしれない。それなのに、私が不安を口にするのを聞いて、どんなに苛立たしく思ったんだろう。憂慮するあまり、本人にそんなことを言うなんて。私は何と思いやりがなかったのだろう。

愚かな私。

自分でも嫌になる。

7秒間のハグで、乗り越える

7月の終わり、病院でのCT検査があった。検査結果は「腫瘍は大きくなっていない、転移なし」と診断された。

でも、あんなに咳き込んでいる、その上、肩の痛みだって酷くなっている。私は納得しなかった。

「先生、PET検査をしていただけないでしょうか」

本当に転移していないのか癌がないのか、PET検査をすればわかるはず。

「そんな余計なことを言わなくていいから。そんなの、したくないから」

秋史が苦々しく眉間に皺を寄せて振り向き、私に言った。

「でも……」

「まあ、PETも、1月にしてから随分時間経ってますからね。気が済むように、一度してておきましょうか」

主治医の言葉で、秋史も渋々了解した。

肩の痛みに関しては、主治医に指示された通り、後日整形外科で診察してもらうと、首の椎間板がすり減り、筋肉に当たっているからだろうとの診断。なるほど、そのせいで痛みが強くなっていたのだと納得し、思い過ごしだったと反省しながら、ホッと胸を撫で下ろした。その後、評判がいい整体院にも何ヶ所か通ってみた。しかし、全く痛みは軽減されない。私は毎日、秋史の肩をマッサージし続けた。

ＰＥＴ検査を受けた２週間後、翌日が検査結果という日の夕方のことだった。疲れたと言ってベッドルームで寝ている秋史が私を呼んだ。

「みっちゃ〜ん、みっちゃ〜ん、ちょっと来て」

その声は、前日から急に掠れるようになっていて、カスカスの絶え絶えだ。

「なんですかぁ？」

部屋に入ると、ベッドの背にもたれて秋史がまんじりとこちらを見ている。何か、私、気に入らないことでもしたんだろうか。

「どうした？　お水でも持って来ようか？」

「みっちゃん……」

「何？」

「明日……大丈夫かなあ」

その時の秋史の顔が忘れられない。まるで、カレンやセリーナが怯える時のような目をしていた。秋史という人は、いつもどっしりとしていてこんな弱々しくはなかったはず。病気になってからも、ずっと強気に見せていた秋史が、検査結果を目前にして、初めて弱音を吐いた。

「秋ちゃん……」

私は、思わず近づいて、大きく手を広げて、秋史を抱きしめた。

「大丈夫、大丈夫。絶対大丈夫だから。念のための検査だったんだから。私が安心するための検査だったんだから。大丈夫だよ」

「そうかなあ」

検査をお願いしてから結果が出るまでの2週間の間に、咳や痛みの症状が進んでいることに私も気付いていていたし、誰よりも本人がわかっていた。

そして、翌日の検査結果は、微妙な診断だった。

「縦隔、肺、リンパの辺りに、炎症か、転移が見られますね」

辞書で調べると、「縦隔とは、左右の肺の間に、胸膜で囲まれた隙間、そこには心臓、大血管、気管、食道、胸腺、リンパ節、神経節などの臓器や器官が存在する場所」とある。要は、胸の辺りの重要な場所のこと。

画像を見ながら、主治医は説明した。

「これらの暗い影の部分が、炎症の場合もあるんですよね」

しかし、転移であることもある。主治医は、はっきりとわからないので3日後の医師達のカンファレンスで確定したいと言った。

炎症と転移では、全く雲泥の差。天と地。

結果を待つ3日間は、まるで蛇の生殺しのようだった。秋史は相当苦しかったのだろう。努めて明るく振る舞う私の言葉など、全て撥ねつけた。

「いいこと絶対あるから」

「そんな問題じゃない」

確かにそんな問題じゃなかった。しかし、私自身も倒れそうな思いの中、振り絞った言葉だった。

「治そうっていう気持ちも大事だから。そういう意志を持とうよ」

「意志とか、思いとか、関係ない。自分の体のことだから、自分が一番よく知っている。ほっといて」

この頃の秋史の得意の言葉だ。

「自分の体のことだから」

どんな言葉を連ねても、全て秋史に否定され、怒られた。秋史の辛さはわかる。でも同じように、私も心底苦しかった。

秋史がネットで検索した履歴に、食道がんの転移についての記事があった。原発性の肺がんを罹患した場合と違い、食道がんから転移した肺がんは別物で、余命一年であると書かれていた。頭が真っ白になった。来年の今頃、秋史がいない？　そんなことあり得ない。あってはいけない。咳がどんどん酷くなる秋史の背中を、夜中に起きて摩《さす》りながら、ずっと「神様、神様、お願いです」と、祈り続けていた。

3日後、若い医師からの電話をスピーカーフォンで受け、二人で聞いた。あっさり軽く「転移」と告げられた。

その言葉は鉛のように重くのしかかり、どう受け止めていいのか、涙も出ないほどのショックを受けた。秋史はフゥとため息をついた。

「ま、仕方ないでしょ」

そしてゆっくりと私を抱きしめた。いつも抱き合う時は、7秒と決めていた。入院生活が始まった頃に、7秒のハグは絆が強くなるとどこかで読んだらしく、1日に1回は7秒抱き合おうと秋史が提案したからだ。でも、この時のハグは、長い長い、2分くらいは抱き合っていたと思う。

「秋ちゃん、頑張ろうよ。ここからでも良くなる人がいるとしたら、その人になろうよ」

「そうだね。そうしよう」

秋史は覚悟を決めたのか、あるいは病気を受け入れただけだったのか、私の言葉に素直に頷いた。

遅れて来た反抗期

食道がんと診断されてから、病院での治療以外に、所謂、民間療法というのも色々と試した。飲んだものを列挙するだけでも、様々なものがある。

フコイダン、アガリクス、冬虫夏草、プロポリス、マヌカハニー、プラセンタ、特別なキノコドリンク、蒸した山芋、プロテインドリンク、他にも色んな方から、色んなサプリメントを薦められたり、送られたりした。私は、体に害がなければ何でも試せばいいという考えだったけれど、秋史は違った。納得がいかなければ服用しないし、転移がわかった頃は、全ての栄養剤と呼ばれるものは信じないとやめてしまった。

施術として試したものもある。ビタミンC療法、鍼治療、氣圧療法、NK細胞療法。

ビタミンC療法とは、ビタミンCを大量に体内に入れることで、癌を撲滅するという治療だ。友人に紹介されてクリニックを訪れたが、秋史は医師と論争になり、治療を始める前に怒り出し帰ってしまった。

鍼治療に関しても、少し変わった先生だったこともあり、そこも喧嘩して行かなくなった。

氣圧療法というのは、手を当てて氣を送る施術。実は、私自身が子宮内膜症で苦しんでいる頃、あらゆることをしてこの療法に行き当たり、随分軽くなった経験があった。しかもその頃、末期の肺がんの方が氣圧をされて長らえたことを聞いていたから、秋史を連れて行った。その先生は穏やかな方だったから少しは通ったけれど、途中から嫌がって行くことをやめた。

氣圧に関しては、誰でも手を当てて「氣を送る」と念じれば、効果があるとされている。私は、病気がわかった頃から秋史の患部に私の手を当て、毎日のように氣を送っていた（つもり）。でも、転移を知らされて、サプリメントを断ってしまった頃、私がいつものように秋史の胸に手を当てようとすると、パーンと手を撥ね除けられてしまった。

「もういいから」

拒絶され、ショックで萎えてしまった。

「そっか。わかったよ」

しかし、氣を送ることで万に一つでも良くなるとしたら、やらない訳にはいかない。気を取り直し、その後も秋史が先に眠ってしまった時には、隣から何気なく胸や背中にそっと手を当て、必死に氣を送ることを続けていた。

最後に挑戦した民間療法は、NK細胞療法というもの。私の信頼する先輩のご主人の末期癌が、この治療法で良くなり快復されている。だったら、秋史にだって効くかもしれない。

NK細胞療法とは、癌細胞を直接攻撃する免疫細胞を、採取した患者の血液で培養し増殖させて体内に戻すという治療法。料金は高額だが、何とか秋史に受けてもらいたい。秋史に話すと、身近で寛解した実例を聞いて、渋々だが受けてくれることになった。ただ、培養した血液の投与は合計6回の予定だったが、結局、2回治療したところで肺炎のために緊急入院となり、最後まで試すことは出来なかった。

NK細胞療法の医師とも、秋史はぶつかった。医師が、この療法に加えて、温熱療法をプラスすると効果があると勧めたのだ。高機能な機械で、体の芯まで温熱を与えるという治療だ。しかし頑として秋史は拒否し、医師に向かって怒った。

「あんたは、医者じゃなくて、セールスマンだ！」

確かに、後付けで勧められはしたものの、温熱療法自体は1万円ほどで、高いNKに比べれば少額だ。それで効果が上がるのなら、是非プラスしてもらえばいいと私は思ったけれど、秋史は聞かなかった。

「僕の体なんだから、ほっといて欲しい。みっちゃんは、あれもこれもと言うけれど、僕は僕で考えたい。何度も言うけど、これは、僕の体なんだ！」

「そうじゃないよ、秋ちゃん！　秋ちゃんの体は、私の体でもあるんだよ！」

と、何度も訴えたけれど、秋史は首を振るばかりだった。


こんなに頑固な人ではなかったのに。大らかでユーモアがあって、バランス感覚抜群で、こだわらずに何でもトライする人だったのに。病気になってからは、人が変わったように意固地になり気難しく、冗談も通じない。秋史の父は、確かに頑固な人だった。でもその要素は遺伝しなかったとずっと思っていた。しかし違った。頑固そのものの性格に変わった。それは父親から譲り受けたものなのか、病気のなせる業なのか。

私の言葉の一つ一つに絡み、当たり散らすようになっていた。

よっぽど体の調子が悪いんだろう。辛くてたまらないんだろう。その全てを受け止めたいと必死になった。でも、どうやっても出来ない。私自身もギリギリの毎日で傷つくばかりだった。

我慢出来ずに、洗い上がったばかりの洗濯物を抱えてベランダに出た。私の声は聞こえないはずだからと、洗濯物を干しながら、わんわんと泣いた。濡れている洗濯物に涙が落ちたってわかりゃしない。

そんな時、子供でもいたら、「ねえ、お父さんったら、ひどいのよ」と愚痴ることも出来たのに。「本当に酷いよね、酷過ぎる、お父さん！　でもさ、お父さんは、お母さんよりもっと辛いんだから、許してあげようか」とか答えてもらえただろうに。こんな時、本当に子供にいて欲しかった。

「まるで、遅れて来た反抗期なのよ。中年の反抗期！　あら違う、シニア反抗期か、ハハハ！」

友人に秋史の様子をボヤく時、面白可笑しく伝えようとして思わず出た言葉「反抗期」。そうか、だとしたら、私は反抗期の息子を持つ母親にならなくてはいけないのだ。今まで私は、器の大きな父親のような秋史の腕の中で安心していたのに、突然、大きな図体の老獪な反抗期の息子を抱えてしまった。

でも、それは全て癌のなせる業。頑固のガンは、癌。「癌固」。反抗期の原因は秋史自身ではなく、癌という病巣。秋ちゃんではなく、癌ちゃんのせいなんだ。

「全く、がんちゃんったら、反抗期だからね。参っちゃうねえ」

戯けて言ってみると、余計哀しくなった。でも、今ここにある危機を、ポーンと乗り越えてしまいそうな気もした。

31年前のビデオ

秋史の病院行きや、施設に入っている母にも会いに行かなくてはいけないから、8月中旬は東京で過ごした。あまりにも暑い熱い火傷しそうな東京の夏。

冷房の効いた部屋で、秋史の体の具合のいい時には、録画してあった中国宮廷ドラマを観る。観るものがなくなったら、ネットフリックスで話題の『愛の不時着』や『梨泰院クラス』。ネットフリックスは、須走のマンションでも観続けたけれど、途中で『梨泰院クラス』の敵役の会長が癌になってしまった頃から、秋史は観るのを嫌がった。私は、一人最後まで観続けた。観るのを途中でやめてしまうと、秋史の癌に屈服してしまう気がして変ちくりんな闘志を燃やした。

こんな風に、テレビドラマのストーリーは、すぐに誰かが癌に冒されてすぐさま亡くなってしまうことが多い。今までそんなこと気にしていなかったけれど、どれほど多くの人が、そのシーンを辛く重苦しい思いで見ていることだろう。そんなこと、今まで、気付かなかった。

愛犬達の溜まっていたビデオも、一緒に観ることにした。ニューヨークにも一緒に行ったビギンとジェシカのビデオ。膨大な数だ。まず1本目。

まだ2ヶ月にも満たないまん丸で子狸のようなビギンが、おもちゃを投げると、よちよちと取りに行き、咥えて、自慢げに持って来る。あどけなく可愛い。その姿を喜ぶ私の声も聞こえた。

「ホント、ビギンちゃんは、頭が良かったね〜」

秋史が懐かしそうに微笑んだ。良かった。今日は体の調子、いいんだ。ビデオの1本目は、延々とそれだけの映像……と思って、ビデオを取り出そうとしたら、画面の最後に、私が登場して来た。おぉ！　若い私！

「みなさーん、こんばんは。今日は秋ちゃんの34歳の誕生日で〜す！」

ということは、私はまだ32歳。31年前だ。フフフ、若いね！　まるで、この頃出演していた『なるほど！ザ・ワールド』の海外レポーターさながらの喋り口調。どういう訳か、先にこのビデオに映っていたビギンは、まだこの時点では家に来ていない。ビギンは、私の33歳の時の誕生日プレゼントだった。

それにしても、こんなビデオを撮ったの、すっかり忘れていた。

「お誕生日のプレゼントに、私はこのマイクを、秋ちゃんにあげようと思います！」

画面の中の私の手には、リボンで飾られたマイクが握りしめられている。

「秋ちゃんは、音痴だけど、とっても歌を歌うのが大好きです！」

「余計なこと、言うね～」

現在の秋史が笑った。若い私を愛おしそうに見つめてくれている。

「このマイクをオーディオセットに挿せば、簡単にカラオケが出来るんです。早く秋ちゃん、帰ってこないかなあ。えっと、今の時間は、12時半です」

夜中の12時半だ。そうだった。いつも秋史の帰りは午前様だったっけ。まだ結婚して5年。秋史は最高に仕事が忙しくて、いつも帰宅は遅かった。とは言え、制作現場ではないから大概が接待の食事、だからいつもお酒を飲んで帰って来ていた。それにしても、こんなに遅く、秋史の誕生日を祝うためにビデオを撮り、プレゼントを手にして待っている32歳の私。おばちゃんの今の私には、その姿が健気で甲斐甲斐しく、可哀想になってしまった。

「ピンポ～ン！」

ビデオの中で、呼び鈴が鳴る。

「あ、秋ちゃんだ！　秋ちゃんが、帰って来ましたぁ！」

若い私が、急いでビデオカメラと、近くの籠を持って玄関に向かった。ドアを開けながら、籠の中のものを振り撒いた。紙吹雪だ。新聞の折込チラシなどを千切って作ったであろう紙吹雪。舞い散る紙吹雪の中から、ご機嫌な秋史が現れた。

「ただいまですぅ〜！」

「若い！」

「若い！」

現在の秋史も私も、34歳の秋史を見て、思わず声を上げた。とてつもなく若い。今の秋史とは別人のようだ。確かにビデオの中の私も若いけれど、皺などをなくせば、ほとんどイメージは変わらない。しかし秋史の若さっぷりには驚いた。

「秋ちゃん、おめでとうございます！　これ、誕生日プレゼントで〜す！」

「ありがとうございますぅ！　では歌います！　マタッアウ、ヒマデ〜、アエル、トキマデ〜〜」

秋史の大好きな歌、尾崎紀世彦『また逢う日まで』を歌い出している。この歌だと、音程もあまりフラつかないから、音痴がわかりにくいのだ。朗々と歌う秋史は、少し酔っているのだろう、気持ち良さそうだ。カメラのこちら側の私も、カメラをリズムに合わせて揺らし、一緒に歌っている。

秋史をイケメンと思ったことはないが、ビデオの中のツヤツヤ肌や、清潔感のある34歳になったばかりの面差しは、それこそジャニーズの一員にいても可笑しくないほど。

「あの頃の宅間さんは、正に、ミスターフジテレビでしたよね」

秋史のことを、そう喩えた人がいた。正に後ろから光やオーラが全方向に射し輝く「ミスターフジテレビ」が、そこには映っていた。

当時の私は、そんなこと、微塵も思わなかったけれど、若い秋史を客観的に見られるおばちゃんになった私は、こりゃモテるのも仕方ない、当然かもしれないと認めざるを得なかった。

「このころだよね？　秋ちゃん」

現在の私が、秋史に問いかけた。秋史が肯定するように謝った。

「すみませんでしたね」

この誕生日の日、秋史が会っていたのは、誰なのかはわからない。でも誕生日だからこそ、仕事関係の人ではない「誰か」だったのだと思う。

裏切りの、ポラロイド写真

色んなところに二人で旅行し、サッカーも二人で夢中になり、寝る前には必ずハグし、「あいてま、なさい」と言い合うなんて、何とラブラブなことか。でも、ずっとそんな甘々の二人だった訳ではない。

ビデオに映っている誕生日から1年過ぎた頃だった。秋史の不倫が発覚したのだ。

その日は、秋にペルー旅行をしたグループでの写真交換会があった。その頃から旅行は好きだったから、私達は友人達六人とマチュピチュ遺跡やナスカの地上絵、チチカカ湖を巡り、ペルーまで何十時間もかけて延々と旅をした。

楽しかったねとみんなで話し、その会の余韻のまま家に戻り、秋史はすぐにビギンの散歩に出かけた。私は会で頂いたペルーのハンカチを、これは秋ちゃんの方が似合うわ、なとど思い、ウキウキと秋史のビジネスバッグに入れておいてあげようと、革のバッグを開けた。

「あれ？　何だろ？」

束になったものが見えた。写真のようだ。

「ペルーの写真？　さっき、もらったのかな？」

何の躊躇いもなく、写真を手に取った。10枚ほどのポラロイド写真が裏向きになってい る。表に返した。驚愕した。男女の写真。裸だ。変な写真。笑っている裸の男女。いや、待て。これ、秋ちゃんじゃない？


「え？　え？　秋ちゃん、裸？　女の人も裸。え？　この女の人……あの子！」

一糸纏わぬ全裸の女性は、私の知っている女性だった。10枚ほどの写真は、全て、淫らな類の写真だ。一瞬にして体中が震え、心臓がバクバクした。慌ててビジネスバッグに写真を戻した。


「何？　何？　どうしよう……どうしよう」

思い直して、写真を再び取り出し、自分のバッグに入れた。体中から、ドックンドックンという鼓動の音が聞こえる。

すぐ側に姿見があり、思わず自分の顔を確かめた。真っ青というのはこういうことなのか。いっぺんに黒くくすんだ肌、一瞬にして窪んでしまった瞼、現実だか夢なのかわからなかった。子宮内の病巣が、キリキリと痛んだ。呼吸も苦しくなって、ハアァハアァと大きく息を吸わなくては、酸素が鼻も喉も通ってくれなかった。


「ただいま〜！」

秋史が散歩から帰って来た。

「ビギンちゃん、ちゃんとウンチしたよ。いや〜、楽しかったね、ペルー。また行ってもいいね。……どうした？　みっちゃん、調子悪い？」

私の硬くなった表情を心配して、秋史が何度も問いただした。病院に行った方がいいとまで言われ、言うつもりはなかったが、結局、写真のことを告げた。最初は、見間違いだと秋史は否定した。人のバッグを見るなんてと怒りもした。しかし、私が写真を持っていると言ったら、逃げ場がなくなり、認めた。

この後、二人の間でどんな会話があったか、さっぱり覚えていない。同じベッドには寝なかっただろうし、口をきくこともなかっただろう。ハグなんてする訳がない。私は泣いたんだろうか。ショックのあまり、泣くこともなかったかもしれない。悪夢のような夜。

次の日、私はすでに入っていた旅番組の仕事でイタリアに飛んだ。しかし、仕事の後、日本に帰ることをせず、そのままロンドンにいる友人のところに行き、仕事もキャンセルして2週間戻らなかった。

あのポラロイド写真は、私のプライドをズタズタに切り裂く刃物だ。信頼していた秋史の、6年間の言葉も態度も優しさも笑顔も、全部、嘘っぱち。偽物！

別れるしかない。

帰国し、秋史が成田まで迎えに来た。車の中で待っていたビギンは狂ったように喜んでくれたけれど、薄汚れていて沢山の毛玉が出来ていた。二人とも押し黙ったまま、秋史は高速を走らせ、都心に向かった。私はずっとビギンを撫でながら、毛玉を一つ一つほぐしていた。

家に戻り、改めて秋史が言った。

「もう一度やり直させて欲しい、一生十字架を背負うことになるけれど」

あんなに異国の地で考え抜いて出した結論、「離婚」を突きつけることは出来なかった。踏みとどまったのには、いくつも理由があった。今別れて喜ぶのは、あの相手の人。彼女を喜ばせたくなかった。それに別れたら、ビギンが可哀想だ。毎週ビギンを埠頭へ水遊びに連れて行っていたのに、それを私一人で遊ばせることになったら、ビギンが寂しがる。いや、秋史がいなくなるだけでビギンは悲しむだろう。

でも実は、私自身が日々の生活では、ずっと優しくユーモアがあって大らかな秋史との毎日を、パタリと閉じてしまう自信がなかったのだ。

かと言って、やり直そうなんて思ったわけではない。いつか、「絶対別れる、別れてやる」と決めた。その気持ちが揺らがないように、未来の私に向けて私は手紙を書いた。この時の私の絶望的な思い、煮え繰り返るような悔しさ、秋史の仕打ち、秋史の嘘、秋史の嫌なところを羅列し、忘れてしまわないように書いた。

「お願いだから、絶対忘れないで、未来の私」

その手紙は、数年前までどこからか出てきては、その度に何度か読み返していた。まだ記憶が新しい頃には、そうだその通り、果てさていつ別れようか、と思案した。でもそのうちに、当時の私を可哀想に思いながらも、「大丈夫だよ、秋ちゃんは」と過去の自分を宥《なだ》めるようになっていた。

今も、どこかにその手紙はあるだろうけど、もうその手紙は読まない。秋史のために読まない。いや、私のために、読みたくない。


しかし、この後も軽い浮気はあったと思う。

私はいつも淋しかった。毎日、一人ぼっち。いつも秋史の帰りを待っている。

「子供の頃と一緒だ。私って、ずっと待つ運命なんだ」

そんな風に不貞腐れ、夜毎ワインを開けて飲み干していた。

秋史は携帯電話を二台持ちして、女の子達と秘密のメールのやりとりをしている時もあった。そのメールを盗み見てしまった自分が下衆で、苦しくなった。

私は、何かを変えたくなった。秋史を変えたいというより、そういう愚かなことに苦しむ自分を変えたくなったのだ。

その頃、「山村美智子」という名前を捨て、「山村美智」と改名した。以前より姓名判断で「山村美智子」の総画数が良くないと言われていたけれど、改名するまでに至らなかった。でも、名前を変えることによって、もっとどっしりと太い幹のような自分になれるのならいい、そんな思いがあった。

「名前なんて変えなくていいんじゃない？」

私が名前を変えようと思うと告げると、秋史が軽く反対した。

「どうして変えるの？」

「……秋ちゃんのことが、きっかけかもしれない」

秋史は、うっと言葉に詰まり、それからは、改名について何も言わなくなった。

その後、名前を変えたせいなのか、秋史が思うところがあったのか、少しずつ二人で過ごす時間が増えていった。秋史の帰宅も早い日が多くなった。それから2年後のニューヨーク赴任を機に、一層二人だけの家族が大切になって、プライベートはいつも一緒に行動するようになった。

今から思うと、飛ぶ鳥を落とす勢いのフジテレビで、飛ぶ鳥を落とすプロデューサーだった秋史。モテるのも仕方なかっただろう。あのビデオに登場したキラッキラの秋史を見た時、こりゃしゃあないと思った。人生を謳歌していた秋史。若いから、羽目を外した過ちもあるさ。今の私だったら、全て受け入れられる。

秋史の裏切りなんて、どうでもいいんだ。

秋史の最大の裏切りはね、私を残して死んだこと。これだけは、受け入れられないな。

希望の光、オプジーボ

転移と診断された直後、新しい治療法を提示された。ほんの5ヶ月前に、食道がんに対しての認可が下りたばかりの「オプジーボ」という免疫療法だ。癌によって免疫が働く力がブロックされてしまうが、オプジーボがそのブロックを外す役目をするらしい。効果がある人はほんの3割だが、効けば効果は絶大で、その後長く生存出来ている人が多いとのこと。秋史に合えば、オプジーボが秋史を救ってくれる。

「私達には、まだ、オプジーボがある」

正に、希望の光だった。

8月後半に、オプジーボを投与することになった。入院する必要はない。椅子に座って点滴で投与するから、1時間くらいで終わる。

しかし、オプジーボ投与の予定日前日に、秋史は高熱を出し救急外来へ。抗生物質を投与し、1日遅れでオプジーボの治療をした。焦っていたのかもしれない。熱が出ていても、とにかく癌さえ撲滅出来ればと思っていた。

オプジーボを投与した後、酷暑の東京から、須走に戻った。涼しい須走での静養は最後となる。

日々、秋史の左肩と背中の痛みは激しくなり、咳き込みも酷くなっていた。声も一層掠れていく。ただ、病院から処方されたモルヒネとステロイドを飲み、少し軽減する時には、快活に喋ってくれた。

「痛くてどうしようもない感じと、薬飲んで楽になる、この落差が、気持ちいいんだよね〜」

秋史は、痛みから解放されると、嬉しそうにそう言った。いつもの穏やかな、まるでムーミンみたいな風貌の秋史の顔に変わった。けれど、そんな時間は長く続かない。すぐに咳き込み始め、肩の痛みで顔が歪んでいった。

ムンクの『叫び』のようだ。

本当に痛くてたまらない時は、秋史と一緒に実物を見た、あの絵画のように顔がいびつになった。

昔、ノルウェー、オスロの路上、美術館の前で、秋史は顔に手を当て、絵画の人物のように顔を歪ませ、ふざけて写真に写った。私も真似して撮った。楽しかった。あの時と同じ顔を真似事ではなく、今は痛みで歪んだ表情になっている。オスロでの写真は、今より20キロ以上太っていたから、そんなに似ていなかったけれど、今は痩せてしまって、ムンクの絵に酷似してしまった。哀しくなった。

もう痩せて欲しくない。でも、食事は進まない。

「これだったら、食べられるかもよ。どうかな?」

朝から何も食べていない秋史に、昨日は、食べてくれたフルーツケーキを小さく切って差し出した。栄養を摂るために、ほんの少しでも口に入れて欲しい。

秋史は火が付いたように怒った。

「みっちゃんは、僕にプレッシャーを与えたいの? 嫌がらせなの?」

私が嫌がらせしているわけではないこと、秋史が一番知っているはずなのに、キツい言葉を浴びせてくる。痛みが日々酷くなっているのだろう。私は、ただ秋史の肩と背中を揉むしかなかった。でも、その手も撥ね除けられることが多くなっていった。

いつも私に当たり散らすくせに、ある時「みっちゃん、来て」と呼ばれて、側に行くと、抱きしめられた。長い時間抱き合った。秋史の体の状態はマックス酷かったし、心もマックス不安、私も不安マックス、マックス、マックス。秋史を抱く手で、私は必死に背中を摩った。

「大丈夫、大丈夫、秋ちゃん、オプジーボが絶対、効いてくれるはずだから」

私は、1日に何回も、富士山に向かって祈った。

「どうか、富士の神様、オプジーボが効きますように。どうぞ、お願いいたします」

オプジーボさえ効けば、癌さえなくなれば、どうにだって出来る。あと5回、オプジーボを投与すれば、効果が出る。必ずオプジーボは効くはず。秋ちゃんは、運のいい人。最後には癌がなくなって、そこかしこで言われるよ、驚かれるよ、「すごいですね宅間さん、あんなに転移していたのに、治ったんですね」って。

熱が出たり下がったりを繰り返しながらも、あちらこちらの温泉には通い、温泉から出ると肩の痛みも軽減されて穏やかな表情が戻ったりして、一日中一喜一憂、いや、一喜五憂の毎日だった。

でもそのうちに、秋史は温泉へ行くことも出来ず、寝ていることが多くなった。

そんな時、私は秋史を置いて一人で日帰り温泉に行った。泣きながら「気楽坊」なんて名前が付けられた日帰り温泉の暖簾を潜る。

「もっと私が、気楽にならなきゃ」

気楽坊自慢の炭酸泉に浸かりながら、何分も目を閉じて心を整えた。私が気楽に思わなくちゃ秋史を治せない、オプジーボも効かない、もっと気楽になろう。

気楽坊から戻り、眠っていた秋史の側に行ったら、秋史は薄目を開けて聞いた。

「お湯、どうだった？」

「良かったよ。私、好きだよ、気楽坊。でも、秋ちゃんは、御胎内温泉の打たせ湯が好きなんだよね。あの打たせ湯は、背中に効くもんね。明日は、打たせ湯に行こうね」


その夜、いや翌日の8月31日の夜明け前、秋史の酷い咳で目が覚めた。昨夜から何度も起きて背中を摩っていたけれど、睡魔が襲って私はいつの間にか眠ってしまっていた。

秋史は、リビングのソファで横になり海老のように体を折り曲げ、咳き込んでいた。秋史の体に触って驚愕した。火のように熱い。体温計を脇に入れたら、すぐにピッと鳴って、体温が表示された。39・9度。どうしよう。解熱剤を飲ませ、氷で冷やす。今、ここで須走近辺の病院に行く訳にはいかない。コロナ患者の疑いで隔離されてしまう。何とか38度台に熱を下げ、電話が繋がる時間までジリジリと待って、東京の病院に連絡した。何度も交渉して、やっと午後一番の主治医の診察枠で診てもらうことになった。

取るものも取りあえず、秋史とワンコ達を車に乗せ、東名高速に乗った。スピードオーバーになりながら、いや、こんなところで事故で死ぬわけにはいかない、何としてでも、秋史の体を治さなくてはいけないんだと、スピードを緩める。でもすぐに、アクセルを踏み込む右足は前のめりになっていた。私の体は全てに力が入り、ガチガチに硬くなっていく。手のひらも汗を掻くのか、ハンドルが濡れた。

相変わらず、東京は灼熱地獄だ。

病院に到着する直前、何やら秋史の様子が変だ。前かがみになり、クーラーの送風口に頭を付けている。

「どうした？　大丈夫？」

不安になって尋ねると、病院入り口のサーモセンサーに引っ掛からないよう、額を冷やしているのだと言う。充分冷やした後、秋史はフラフラする右手を上げて親指を立て、助手席を降りてトボトボと入り口に向かった。ドヤ顔をしたかったのだろうけど、指を立てるだけで精一杯だったんだろう。

駐車場に車を停めて、追って病院に入ると、すでに秋史は血液検査などを済ませていた。結局、肺炎ということで、緊急入院。いつものように私は家と往復して、入院の準備をした。13回目の入院。入院の手続きも持ち込むものも、Wi-Fi機器の準備も、パジャマレンタルの手配も、もう手慣れたもんだ。

「えー？　また入院？　もうこれ以上……嫌だなぁ」

「秋ちゃん、そんなこと言わないの。まずは肺炎、治してもらおうよ」

秋史は「入院」と聞いて激しく落胆していた一方、私は安堵していた。病院にさえいれば、何とかしてもらえる。ここで体調を安定させてもらい、オプジーボを投与してもらい、良くなってもらえる。そしてその間、私も少し休憩出来る。

須走では、毎日朝から晩まで、秋史のご機嫌を伺うことで神経がすり減っていた。痛みを訴える度に体を摩り、私自身も寝不足で朦朧としていたこともある。高熱を出す度に、身の細る思いだった。秋史のことが可哀想でたまらない一方で、もしかしたら逃げ出してしまいたかったのかもしれない。私の心と体も、限界に来ていた。

入院することで不機嫌になった秋史を病院に残して、私はそそくさとカレンとセリーナが待つ家路に就いた。重荷を下ろしたかのように、足取りは軽くなっていた。

私のバカ！

一人ぼっちの須走

翌日の9月1日。私は須走に向かった。この日が、マンションのチェックアウトの日。夏の間過ごした荷物を、大量に引き払わなくてはいけない。秋史の会社の若い人の車で一緒に運んでもらうことにしたが、荷物のパッキングは一人で行う。

鍵を開けて、マンションに入った。

秋史の体を冷やすためのタオルや、何度も着替え、ぐっしょり汗で濡れたパジャマが山積みになり、ガタガタ震える体に何枚も掛けた毛布が散乱していた。昨日まで、ここに秋史もカレンもセリーナもいたのに、その匂いは残っているのに、誰もいない。私、一人だ……。ゾッとした。秋史がいなくなったら、私は一人。

「イヤだ。絶対に、嫌!」

声に出して、否定した。

この1年以上、入退院を繰り返していたから、家にいたことはほとんどない。まるで船の船長さんかパイロットだ、と喩えて笑った。入院する時には、いつも秋史は、カレンとセリーナを前に置いて諭していた。

「カレンちゃん、セリーナちゃん、秋ちゃんは、ちょっと船に乗ってくるから、その間、みっちゃんのことお願いしますよ。いいですか」

今回は、そんなこと言ってる暇なんてなかった……。

この夏は入院がなかったから、2ヶ月以上長く一緒に過ごすことが出来た。永遠に、その2ヶ月がもっと続くように思っていた。だから今、目の前にいなくなって、一層淋しさが募った。

大量の荷物を一つ一つパッキングする。

東京から持ち込んだもの以外にも沢山荷物が増えていた。二人で御殿場の「しまむら」に行って、安さにビックリして買ったジャージやパジャマなんていうのも増えていた。東京へ持ち帰るために、買い集めた食材もあった。「道の駅 すばしり」で買った野菜。「ミートプロ鈴木」の安いけれど美味しい牛肉やメンチカツ。肉屋の小さな店内に足を踏み入れると、サッカー日本代表の写真が所狭しと貼られていて、二人で目を合わせてクスッと笑ったっけ。体にいいだろうと「こうじ屋市兵衛」という専門店で買った甘酒、何度も買いに行ったパン屋「クッカ」の美味しいパン、秋史の好きだった「二の岡ハム」のベーコン。

その上私のスーツケースには、夏なのに、ダウンコートが増えていた。7月の終わりに、御殿場プレミアム・アウトレットで買ったコート。きっと秋史は行きたくもないのに、私のために行こうと提案してくれた。アウトレットの中、最初は一緒に歩いていたけれど、歩くのが辛くなって、カフェで秋史はカレンとセリーナと待つことになった。私は念願の軽いハーフ丈のダウンコートを買い求め、カフェに走って戻った。急に雷が鳴って、土砂降りの雨が降り出していた。庇《ひさし》の下に座る秋史に、私はコートを出してみせた。

「ね、ほら、素敵でしょ？」

いつも秋史は、私が買ったものを見せると「ほう、どれどれ、いいじゃないですか。着てみせて」と言い、私がそれを着てクルリとターンすると「素晴らし！」と、胸の前で小さく手を叩いてくれていた。でもこの時は、苛立った口調で答えただけだった。

「早く、帰ろ！」

買い物をしている間に、私は一瞬忘れていたのだ、今の私達の現実を。秋史が精一杯の思いで、私に付き合ってくれていたことを。

私は慌てて車まで二人分の傘を取りに行き、戻った。庇の下を辿りながら走っても、土砂降りだから濡れてしまった。戻った私に秋史は言った。

「ごめんね、みっちゃん」

とんでもない、私がいけなかった。秋史の体が悪いことが頭から飛んでしまっていた。

ごめんと言わせたことに深く自分を責めた。

せっかく傘を持って来たのに、雨は小雨に変わっていた。二人で傘をさしながら、駐車場に戻った。

「さっきのダウン、よく似合ってたよ」

秋史が、言い訳でもするかのように言った。気を遣わせてしまった。

体の調子が悪くて、私に感情を剝き出しにする秋史と、元のように大らかな秋史が交互に出てくる。アウトレットに行った日は、まだ7月だったから、元の秋史が残っていたけれど、9月に入った今は80％反抗期の秋史だと思いながら、パッキングした。でもいつか、絶対、いつもの優しくて大らかなリアル秋史が戻ってくる。絶対一人ぼっちにはならない。

漸く全ての荷物を出した後、私はがらんとした部屋のベランダから見える富士山に深々と頭を下げた。本日が見納め。

「富士の神様、来年も秋ちゃんと必ず戻ってきます。だから、だから、よろしくお願いいたします」

先生、それはどう言う意味ですか

肺炎で入院した秋史の面会は、当初コロナの疑いが解けるまで、許されなかった。PCR検査をして、検査結果が出るまで隔離される。数日会えない。本人とはラインで連絡は取っているものの、なかなか返事が来ない。肺炎の様子はどうなっているのか。

「とにかく肺炎治しますぞ。ぅつらぅつらなんで、メールままならないけどね。元気だよ。応援よろしく」

やっと来た返事は元気そうな言葉を連ねているが、一層心配になった。主治医に会って説明を受けなくては。しかし主治医は緊急手術が重なり時間がなく、全く会えない。

オプジーボ担当の医師が、その日外来で診察しているのがわかった。担当には違いないから肺炎の状況だけでも教えてもらおうと、待合室に向かった。全ての患者の診察が終わるまでかなり長く待たされた後、ようやく医師に呼ばれて診察室に入った。この医師に会うのは今日が2回目だ。秋史の事は主治医ほどわかっていないかもしれないが、せめて肺炎の様子だけでも聞きたい。

医師は、初めて見るのかレントゲン写真とカルテを何度も確認しながら、事務的に答えた。

「いやあ、こりゃ大変ですね。この肺炎では今夜、何か起きてもおかしくないですよ」

「え？　今夜？　今夜、何か起こるって、どう言う意味ですか？」

「急に命を落とすと言うことです」

「そんな……だったら、なぜ、そのことを主治医は知らせてくれないんですか」

「ま、可能性という話です。でも肺炎が治っても、この癌じゃ大変だぁ。末期ですよ」

「え？　末期？　オプジーボは？」

「こんな酷い癌で、オプジーボなんて、やれるかなぁ〜」

「先生、この間はやりましょうって言ってくださったじゃないですか」

「この間より、癌が広がってますよ。オプジーボなんてやれる訳ないじゃないですか」

「そんな……」

「それより、考えといた方がいいですよ、奥さん」

「何をですか」

「最期ですよ。どうやって最期を迎えるか、そろそろ考えたらどうですか」

私は、フラフラと診察室を出た。病院の冷たく白い床が、上がったり下がったりして見える。突然の宣告だ。落ち着かなくてはと思いながらも、歩く体が右に左に揺れるのがわかった。

この日、秋史の親友夫妻が、病状を聞くためと私を労ってくれるために、食事を一緒にすることになっていた。家に帰り、ワンコのご飯を準備してレストランに向かう。その間、言葉を忘れてしまったかのように何も話せない。いつもなら、帰った時に必ずカレンとセリーナに向かって歌う「ただいまの歌」も歌わず、「ご飯ですよ」とも、「行って来ます」とも声をかけず、まるで石になったかのよう。家の玄関を出る時、二匹が首を傾げて不思議な様子で私を見上げていた。

レストランでは、秋史の友人が開口一番、「どう？　秋ちゃんは？」と聞いてくれた。でも、食事の最初から今日の医師の話は伝えられない。作り笑って、答えた。

「大丈夫よ。後で、詳しく話すね。そちらは、どう？」

久しぶりに会った夫妻は、12月、5月、7月と立て続けにお孫さんが生まれたことを、嬉しそうに報告してくれた。赤ちゃんの写真も見せてもらったけれど、私は焦点を合わせようとしても合わず、可愛い姿がわからない。私には到底味わうことのない幸せ。どう踠《もが》いても、手にすることのない幸せ。その幸せを私は今、見ることさえ出来ないのだ。

家族の色んな幸せ話を聞き、私も日常の取り止めのない話をして、食事も終わった後、もう一度彼が尋ねた。

「で、どうなの？　秋ちゃん」

　私は、思い切って、今日、医師から聞いた話を伝えた。それまで一滴も出なかった涙が溢れ出た。二人とも、そんな私を見て辛く押し黙ったまま、言葉が見つからない。そうだ、この二人を心配させてはいけない。私は付け足した。

「とにかく、主治医の話じゃないから。主治医つかまえて、聞いてみるから」

　その夜、主治医に連絡を取り、ちゃんと話して欲しいとメッセージを残した。次の日の夕方から面談してくれることになった。

　それまでは、秋史の病気に関して全て私一人で対応してきた。しかし今回は秋史の従妹の頼子に連絡し、同行をお願いした。もし昨日のようなことを宣告されるとしたら、私一人では受け止められない。

　しかし面談の開口一番、主治医が快活に笑い飛ばした。

「心配しなくても、大丈夫ですよ。肺炎さえ治せば、オプジーボは出来ますよ」

「でも、昨日の先生は、オプジーボは出来ないと」

「彼は、いつも最悪の状態を想定するだけですから。大丈夫ですよ」

「本当ですか？　この状態から治った人って、いますか？」

「います、います。とにかく、宅間さんは、まだ闘えますから。取り越し苦労しなくて大丈夫ですよ」

そうか、取り越し苦労だったんだ、最初から主治医に聞けば良かったのにと、私は小さな後悔をしながら、体中から力が抜けるほど、ホッとしていた。

その後、車椅子に乗った秋史が、面談室に連れて来られた。いつものように、手をヒラヒラさせ剽軽《ひょうきん》な姿で。秋史と会う時は必ず二人で写真を撮っていたから、この日は、秋史と私に加えて頼子と主治医四人で記念写真を撮った。秋史も私も手を上げて、元気に撮った。秋史以外は、全員、笑っていた。

ラウンジのランデブー

コロナ対策の規定通りの隔離は終わり、面会が出来るようになった。但し、病棟のラウンジで、洗濯物などの受け渡し5分間だけに限られた。そのために、私は毎日洗ったパンツを1枚ずつ届ける名目で面会に通った。

秋史は、誤嚥を避けるために何も口に入れてはいけなかったから、どんどん痩せていた。会う度に、私は左肩から背中をマッサージした。

今まで、12回の入院をした時は、新国立競技場が目の前に広がっていたのに、13回目の入院は反対側の病棟で、窓の外は都会の住宅街だった。秋史の背中を揉みながらふと東の方を見ると、遠く東京スカイツリーが見えた。

「あ、秋ちゃん、スカイツリーだよ、スカイツリー！」

子供のようにはしゃいだけれど、秋史は下を向きながら「ああ」とだけ答えた。

秋史の父は98歳で亡くなるまで、スカイツリー近くの老人施設に入っていた。義父の面会に行く道すがら、車の窓から巨大な塔を見上げ驚きながら「スカイツリー行ってみたいな」と、運転席の秋史に話しかけたことを思い出した。

「秋ちゃん、退院したら、今度こそ行ってみようよ、スカイツリー！」

しばらく沈黙した後、秋史が「ああ」と答えた。

この9月、秋史は痩せて元気はなかった。しかし、中国の有名女優が主演の映画の企画が進んでいた。脚本家やスタッフへの指示を、病室からメールでガンガンに送っていたことを、秋史のメールボックスを最近開けてみて、知った。だからこの時、スカイツリーに行こうと提案しても、返事が鈍かったのは、体のせいというよりは、退院したらスカイツリーどころじゃない、映画で忙しいから無理だよと思っていたからかもしれない。

ある日の面会の時、秋史はレントゲン撮影の予約が入っていて、車椅子に乗せられていた。カレン、セリーナの様子などを報告しているうちに、レントゲンの時間が来て、面会終了。迎えの職員が秋史を連れて行った。

翌日の面会、秋史が会うなり私に言った。

「参ったよ〜、昨日」

「え？　レントゲン上手くいかなかったの？」

「そうじゃなくて、車椅子を押してくれたアイツ、覚えてる？」

「あの若い男の人？」

「アイツ、何て言ったと思う？　みっちゃんのこと、お嬢さんですか？　だって！」

「ひえ〜〜！　そうだよ、私、35歳だから！　ヒヒヒ！」

「違います、妻です！　って言ったら、年の離れた奥さんですね、って。いや、1歳しか違いませんって答えたら、驚いてたよ」

私は、キャッキャと喜んだ。いや、喜んでみせた。違うんだ。私が若く見えたのではない。もう染めることをしなくなった真っ白な髪と、ギスギスに痩せてしまった秋史が、おじいさんに見えたんだ。哀しかった。でもきっと、秋史はもっと哀しかっただろうな。

その日も、いつものように、自動販売機の裏で抱き合った。

7秒間抱き合う。

「1、2、3、4……」

二人して声を合わせ、囁くように、ゆっくりと、秒数を数える。

「5、6、7」

秋史が提案した7秒間のハグ……。

回した手に秋史の背骨の突起が感じられて、細くなっているのがはっきりとわかる。でも、この7秒のハグがあるから、私は全て乗り越えられるような気がした。秋史の温もりが、私の中に入ってジュンワリ巡り、そして、また秋史に戻って行く。きっと秋史も、7秒チャージして、今日も頑張ろうって思ってくれてたんだと思う。7秒後に体を離すと、「あいてま」と言い合う。「愛しています」の省略形。我が家流の「愛しています」。

「愛てます、また、明日ね」

「あいてま、ありがとう」

セカンドオピニオン

秋史が入院した9月の初め、新聞に癌の新しい治療、光免疫療法の薬が認可されたと記事が出ていた。この療法だと、多くの癌が画期的に小さくなる、あるいは消滅するのだと。

「これだ！」

私はあちらこちらに連絡を取った。あらゆる病院、クリニック、そして光免疫療法の治験をしている医師への繋がりを探し、ようやく治験をしている医師を紹介してもらうまでに辿り着いた。

主治医にも相談し、全ての画像や資料を準備してもらった。柏にあるがんセンターで、セカンドオピニオンを受けることになった。

本人は入院中だから、病院に行くことが出来ない。秋史の現在の様子を動画に撮って、がんセンターの医師に見せることにした。

「それじゃあ秋ちゃん、歩いてください。どうぞ！」

秋史の歩いている様子を撮影しようとスマホを向けた。秋史は、映画『炎のランナー』のように、その場で手を前後に動かして走るように戯けてみせた。この映画は、秋史のお気に入りだった。

「何やってんの！　ふざけてないで、ちゃんと歩いて！」

「は〜い！」

漸く点滴スタンドを転がしながら、しっかりと秋史が歩いてみせた。セカンドオピニオンに期待していたのだろう。ラウンジの端までゆっくりと歩き、振り向いた顔はいつもより瑞々しくハリがあった。

常磐自動車道を走り、一人初めて向かう病院は、心細い。でもきっと良い結果があるはず。先程の秋史の歩く姿を思い出しながら、高揚した。

「大丈夫、絶対いい答えがあるよ、秋ちゃんは、運がいいんだから。大丈夫！」

不安を振り切るように、何度も声に出しながら運転していた。

しかし結果は、良いものではなかった。あまりにも多くに転移していること、癌の病巣が奥深くにあり、治療の針は入れられないと診断された。同時に、いかに秋史の癌の状態が大変なのかも告げられた。でも医師は言った。

「でもまあ、次々に新薬が出ていますし、まだ闘える術は出てくるでしょう」

帰りの高速は行きとは打って変わり、一番左側の車線でノロノロと都心に戻った。秋史にどう説明したらいいのか。とにかく癌の広がりのことは言うまい。光免疫療法に適さないことだけ報告するしかない。

「そうだよね〜、そんなに上手くいかないよね」

きっと酷く失望しているだろうに、秋史は軽い口調で答えた。

「でも、諦める必要はないから。オプジーボがあるから。まだ闘えるって先生言ってたから」

私は励まそうと、秋史の肩に手を当てた。その手が滑って、点滴の針を入れている胸のポートに当たった。

「痛い！」

秋史が酷く顔を歪ませ、強い口調で怒った。

「みっちゃんは、何でも不注意過ぎる！　いい加減にしてよ！」

「ごめんなさい」

そう謝りながら、突然、私は泣き出してしまった。初めての病院で初めての医師に会い、ただただ事務的に残酷な事実を突きつけられて来た私は、疲れと緊張と落胆でいっぱいだったのだ。同時に秋史も、光免疫療法が出来ないとわかり、相当苛立っていたに違いない。

その後、二人はいつものように、自動販売機の後ろで抱き合った。

「大丈夫、大丈夫だから、みっちゃん」

秋史が私の背中を摩りながら、慰めた。

本当は、私が秋史を慰めなければいけなかったのに……。私、何やってたんだ。

今年も10月1日は、やっぱり手術の日

点滴でしか栄養を入れられない秋史は、急テンポで痩せていく。主治医から腸へ管を入れ、「胃ろう」ならぬ「腸ろう」にすることを勧められた。そこから栄養を注入して元気を快復し体力を付け、オプジーボを始める作戦だ。1年前の食道摘出手術の時も、腸に管を入れた腸ろうを付けられていた。しばらくはそこから栄養分を摂っていたが、退院後に口から食事が出来るようになり、お腹に開けた穴は自然に閉じられてしまっている。再度、腹部に穴を開ける手術をしなくてはいけない。全身麻酔で行われる手術は、10月1日と決められた。

10月1日……ちょうど1年前、大手術をした日。

手術の間、1年前と同じパネルで仕切られた待合場所で、同じように祈りながら待った。

今回は手術時間も短く、2時間ほどして術後の医師に会うことが出来た。

「先生、ちょうど1年前の今日、10月1日に、食道の手術をしていただいたんです」

「そうでしたか。そう言えば、あの時は脂肪が多くて、ホント手術大変だったなぁ。今回はとても楽でしたよ、脂肪がなくなってましたからね」

主治医と助手の若い医師が、笑った。私も釣られて微笑んだ。

秋史は、スーパーモデル

そう、秋史は、笑っちゃうほど、痩せてしまっていた……。

でもね、秋ちゃん、今から思うと、痩せた秋ちゃんは、本当に素敵だったよ。

元々身長は178センチで、出会った頃はスマートだったのに、病気になる前は86キロ、お腹は七福神の布袋さんのように出っ張ってしまって、太り過ぎだったものね。あの愛らしいムーミンに、顔だけでなく体型も似てしまっていた。でも治療が進んで、60キロくらいに痩せた時の秋ちゃんは、スラリとしてちょいとモデルさんみたいにも見えたよ。

初期の抗がん剤治療では、髪の毛も抜けたから、帽子を被る習慣になって、私がいっぱいおしゃれな帽子をプレゼントしたら、どれもよく似合ってたね。髪の毛は元々若白髪で、ずっと40代の頃から染めていたけど、治療後、髪の毛が生えて来た時、染めることもやめたら真っ白な髪で、プラチナのように光って美しかった。

スリムになって、今まで着ていた洋服はユルユルで使い物にならなかったから、スーツも新調した。スーツ屋さんで新しいスーツを試着した時、突然、秋ちゃんがモデルウォークを始めたっけ。どういうわけか女の人みたいに内股で、腰振りながら私の前をシャナリシャナリと歩き出した。クルリと振り向いて帽子に手をやり、私に向かってキメ顔！　今度は、腕に袋をぶら下げる仕草をして、女の人みたいに甲高く気取った声で言ったね。

「スーパーにお買い物……スーーパーーー、モデル！」

その滑稽な姿が可笑しくて可笑しくて、私は、お腹が痛くなるほど笑っちゃった。

そう言えば、カレンとセリーナのお散歩を一緒にした時に、他のワンコママから耳元で囁かれたよ。

「ご主人、ダイエットされたの？　ステキ！」

ダイエットじゃないんだけどな、と思って哀しかったけど、ちょっぴり誇らしくもあった。

秋ちゃん、すっげ、カッコ良かった。

そう、だからこのまま元気になれば、秋ちゃんは評判のカッケー親父になるよ。ただ、体重50キロ台は痩せ過ぎだから、65キロくらいまでは戻そうか。そのためにも、腸に入れた管から栄養を入れよう。後は、元気になって癌を退治するだけ！　だよね？

秋史の遺書

しかし、腸ろうの手術をした後から、目まぐるしく状態が進んで行った。

手術直後に会えた時はベッドに横たわりながら、掠れた声で「生きてるよ」って、私を安心させようと元気だったが、２日後に会った時は様子がおかしかった。

「なんか、変」

ラウンジに車椅子で出てきた秋史が、私に訴えた。

「手、震えて、ライン、文字書けない。今、ここどこ？　何曜日？　僕、一体どうなってるの？」

心細そうに私を見上げ、焦《じ》れる素振りを見せた。

せん妄だ。すぐに気付いた。母が10年前に股関節の骨折をし手術した後、急に変なことを喋り出した。母の場合は85歳だったから、そのまま認知症に移行した。でも、秋史は65歳、まだ若い。術後のせん妄は、やがて治るはず。後で相談した主治医もそう答えてくれた。

でも、今度はその2日後、病院から緊急の電話があった。秋史の酸素濃度が急に下がり始め、人工呼吸器を入れることになったと。ICUに移動させられた。

慌ててICUを訪れたが、秋史は苦しそうに横になり、口から人工呼吸器の管が入れられていた。

「酸素濃度が上がったら、呼吸器は外しますから」

医師はそう説明したが、すぐにその後の検査で、気管の周りに癌が広がって気管を押し曲げていることがわかった。だから喉の下、胸の辺りから気管切開して、そこから管を入れる手術を行うと。気管切開をすると言葉も失う。

「気管切開した後、治療はどうするのですか？」

「呼吸器を入れて体力を快復させることが一番です」

「もし先生が、夫と同じような状態だったら、どうしますか？」

「僕なら……やはりオプジーボを試したい。気管切開して体力付けることを優先すると思います。元気になって呼吸器を外せば、切開したところも閉じられますから」

「そうですか。わかりました。これは前向きの治療なんですね。だったら、お願いします」

頭が、グワングワンとした。ジェットコースターで一気に下がるような感覚の毎日。でも、秋史と私が乗っているジェットコースターは下がるばっかりだ。なかなか上がってくれない。でも、いつか、ビューンと上に上がってくれるんじゃないか。そうだよいつか、絶対上がる。

気管切開の手術中も、いつものようにパネル仕切りの待合所で、祈りながら待った。座り慣れたソファだけど、もうここには座りたくない。無事に手術が終わり、ICUに戻ってきた秋史に会った。話すことは出来ないから、紙に書いての筆談。でも、半分はおかしなことを書く。

「ここは、韓国?」

「違うよ、ここは東京の病院だよ」

看護師さんに在日韓国人の方がいらしたから、それで錯覚したのかもしれない。

その後の面会は、コロナ禍だから制限されていた。医師との面談がある時のみ、ほんの少しだけ許される。次に会った時は、ビッシリと何かが書かれている紙を渡された。

「植物人間は、いやだ。苦しい、生きてるだけ」

そう書いた後、マンションの名義変更やら、預金を全部現金にすぐ換えろとか、葬式の手配のための連絡先に、仕事関係とプライベートで仲の良い人達の名前を連ね、彼等に早急に相談するようにと書かれている。

そして真ん中には、大きく私への言葉が。

「ごめん、ごめんね、みっちゃん、色々許してくれ。間に合わないことだろうけど。本当にごめん」

何をこの人は言っているんだろう。私は笑い飛ばした。

「秋ちゃん、死なないよ。何言ってるの？　こんな器械だらけのＩＣＵにいるから誤解しちゃったね。秋ちゃん、良くなるために、気管切開したんだよ。馬鹿なこと、言わないで」

本当に、その時の私はそう思っていた。こんな遺書を書くことも、せん妄のなせる業だと。だから、そこに指示されたことをはなから信じず、最後まで何一つ実行しなかった。

しかし、この時の秋史は、実は明快だったのかもしれない。本当に自分の死を覚悟し、私への言葉を書いたんだろう。でも私は、そんな遺書みたいなもの見るのも嫌だった。まだ生きる希望があるのに、認めたくなかった。秋史に指示されたことを一つでも実行することで、秋史が死に近付く気がして、怖くて恐ろしくて無視した。

でも結局、この１枚の紙に書かれた文字が、秋史の遺書になった。

HCUからのテレビ電話

酸素の値も少しだけ良くなったために、10日ほどしてICUほど重体ではない患者用のHCUに移った。しかし、HCUでは一切面会が許されなかった。

外は寒いというのに、体が火照るのか暑くてたまらないらしく、扇子と携帯扇風機を届けた。HCUの入り口に立つと、かろうじて一番奥のベッドに秋史らしき人が見えた。その姿を見るだけでもいい。遠く見える秋史に、ガラス越しに思いっきり大きく手を振った。やっと秋史が私に気付き、ベッドから手を上げて応えた。それだけでも嬉しかった。

しかし、面会は禁じられている。届け物もないから、秋史にはその後、全く会えなくなった。

ある日、家にいる時に秋史からのライン電話が鳴った。

「え？　秋ちゃん？　話せないのに電話？」

慌てて電話に出ると、テレビ電話だ。車椅子に乗った秋史の姿が見えて、スカート部分しか映っていない看護師さんの声が聞こえた。

「面会出来ないので、リモートで様子をお知らせしようと思いました。こんにちは〜」

「あ、はい！　こんにちは。ありがとうございます！　秋ちゃ～ん、元気？」

秋史は、いつものように手を上げた。でも顔は苦しそうだから、短く終わらせないと。

「カレンちゃん、セリーナちゃん、おいで！」

カレンとセリーナを呼んで、スマホの前に座らせ、秋史に二匹の姿を見せた。

「ほら、見える？　カレンちゃんとセリーナちゃんだよ」

秋史が少し微笑んだ。口元の動きが「カレンちゃん、セリーナちゃん」と言っている。もう1ヶ月半も会っていない。二匹が、私の顔を見て耳を立てた。秋史の姿がわかったら、この子達も喜ぶに違いない。秋史の映っているスマホ画面をカレンとセリーナに近付けた。二匹がスマホに鼻を付け、クンクンと匂いを嗅いでいる。

「カレンちゃん、セリーナちゃん、ほら！　秋ちゃんだよ、秋ちゃん！」

カレンとセリーナが、目を輝かせた。嬉しそうに飛び上がった。そして焦るように、ワンワン、ワンワンと吠え立て、玄関に飛んで行ってしまった。

そう、二匹は勘違いしてしまったのだ。「わ～い！　秋ちゃんが帰って来た」と誤解した。

そりゃそうだ。小さな画面に映る秋史の姿など、況《ま》してや、痩せてしょんぼりした秋史など、ワンコの目に認識出来るはずもない。その後、カレンとセリーナは、いくら「違うよ！」と訂正しても、いつまでも喜んでうるさく吠えることをやめなかった。二匹の狂喜乱舞する姿は、物凄く切ない。

結局、秋史からのテレビ電話は、この時の1回限りだった。

HCUに移ってから数日後の10月20日、主治医から呼び出された。CT画像を見ながら説明を受けた。

「癌が、広がっています」

あちらこちらに癌が飛ぶ「癌性リンパ管症」の疑いがあると。もしそうなら、1ヶ月以内、あるいはすぐに命を落とすと。しかし、「癌性リンパ菅症」なのかどうか、わかる手立てがないとも。

ショックな気持ちを押し殺して、努めて冷静に尋ねた。

「じゃあ、癌性リンパ管症ではないということもあるんですね」

「そうです」

「じゃあ、先生、私は、そちらに賭けます」

主治医に宣言した。

そう、絶対に秋史は、癌性リンパ管症なんかじゃない。絶対に、復活する。絶対に。何の裏付けもないけれど、確信するしかなかった。

秋史がHCUを、とにかく出たいと強く希望した。毎日、朝から晩までノートに殴り書きして、看護師に訴えた。

「ここから出してくれ！　出してくれないと、死ぬ」

そうだろう。色んな人の呻き声が聞こえ、様々な器械がピイピイ音を出し続けている。その上、私とは全く会えない。24時間HCUの中にいるのは、生き地獄のようなものだ。漸く病棟に移してもらえることになった。

しかし病棟に移っても、秋史は人工呼吸器の器械にパイプで繋がっているから、ベッドから動くことが出来ない。当然ラウンジには出て来られないから、私と面会することも、無理。

世の中は、コロナが蔓延している。病院の規制も日々厳しくなっていた。

そんな時、医師より病院からの特例を提案された。

「病棟の個室であれば、PCR検査を受けた家族は、付添いが出来る規約があります。但しこれはコロナ禍での、終末期患者のための特別な計らいだと承知してください」

秋史は終末期なんかじゃないけれど、この特例を使わせてもらえるのだろうか。しかしよく聞けば、付き添う家族も泊まり込み、病院から一切外出することは禁じられるのだと言う。

「先生、泊まり込みで付添いするのは、私には無理です。家には、ワンコもいるので」

「お宅は、病院から近い場所でしたっけ？」

「はい、車で10分」

それを聞いた医師が、病院感染部に掛け合ってくれると言う。家との往復だけにするなら、夜は家に帰らせてやって欲しいと。主治医も間に立って交渉をしてくれ、付添い可能と許可が下りた。

後で考えると、この時、医師達は秋史がすぐに絶命すると踏んでいたのかもしれない。それでもいい。医師の皆さんが病院の規約を使って、付添い出来るよう尽力してくださったこと、感謝の気持ちしかない。

しかし、付添いをするにあたって、私には、もう一つクリアにしなければいけないことがあった。

私の仕事　女優の仕事

その頃、私は連続ドラマの収録に入っていた。連続とはいっても、メインのストーリーに関わる役柄ではないので、出演する回もあれば、出演していない回もあった。でも、まだ全9話の収録の途中、これから出演することもあり得る。しかし家との往復に限定されたから付添いが許されたのだ。撮影現場なぞ、行くことなんて出来やしない。

私は、脚本を担当していらっしゃる大石静さんに電話した。大石さんには、すでに偶然お会いした時に、夫が食道がんを患っていること、しかし快復途中であることを伝えてはいた。

電話口で、努めて明るく淡々と秋史の病状を説明し、付添いのことも話した。すると大石さんは、間髪容れず答えてくださった。

「わかったわ、みっちゃん。みっちゃんの役、この後は沢山出てて、芝居場があるけれど、大丈夫。本は、いくらでも私が書き直せる。宅間さんの側にいてあげて」

尋ねることを何もせず、即答してくださる思いやりに、思わず涙が溢れた。

「みっちゃん、これからも女優の仕事は出来る。でも、今大事なのは、宅間さんだから。プロデューサーには、私からも言っておく。大丈夫よ、みっちゃん、安心して」

大石静さんとのお付き合いは、長い。28年前に放送されたTBSの金曜ドラマ『徹底的に愛は…』で、最初にお会いした。

まだアナウンサーの色が抜けていなかった私が、ある意味、真の女優として認められたドラマだ。外務省勤めの内藤剛志さん演じる夫が、仙道敦子さん演じる若い部下と不倫をし、プライドの高さゆえ自殺まで図る狂気の妻を演じた。視聴率はあまり上がらなかったけれど、私にとっては、ドラマでの代表作だと思っている。その後、大石さんの作品には大河ドラマ『功名が辻』など、いくつか出させていただいているが、仕事というよりは、プライベートの女性グループでの食事会でお会いする方が多い。大石さんのあらゆる鑑識眼、正直なお人柄、いつまでも若々しい発想など、尊敬している先輩だ。

その大石さんが、スパッと言ってくださったことで、私も付添いへ向かう心の準備が出来た。秋史の体を治す、良くする覚悟が出来たのだ。

実は、大石静さんは、秋史ともご縁がある。30年前のフジテレビのドラマ『ヴァンサンカン・結婚』でプロデューサーと脚本家として出会っている。

「あの時の宅間さんは、もうピカピカで、すごかったわよ！　普段会う時は、冗談ばかり言ってて話しやすくて、でもオーラがあって」

ある時、ドラマにキャスティングされていた女優さんが、大石さんの書いた役に合わないと降板を申し入れたそうだ。しかし、何とか引き止めたい。女優さんの所属するプロダクションの社長と大石さん、秋史やプロデューサー陣で、話し合うことになった。

その時、秋史が、一人で説得を始めた。いかにその役が素晴らしい役で、女優の新しい境地を引き出すか、また、書いた本人の大石さんさえ考えることのなかった、脚本や役柄の深い解釈を、流れるように述べ出した。普段のふざけて冗談ばかり言っている姿からは想像も出来ない凛々しい姿に、大石さんも驚いたと言う。しかも滔々と話す内容は、決して押し付けがましくなく、柔らかい口調だったけれど、有無を言わせない凄みがあったと。

たかだか、10分か15分くらいの説得だったが、すぐにプロダクションの社長さんは、役を引き受けることを快諾した。

「本当に、凄かったわ。これぞ真のプロデューサーなんだというのを、まざまざと見せてもらった」

そうなんだ。秋史はいつもふざけてばかりいるけど、ここぞって時は、頼りになるんだ。

秋ちゃん、もう一度復活して、プロデューサーしなくちゃ。映画作らなきゃ、ダメだ。

これからは、毎日、一緒だよ

ＰＣＲ検査の結果を待って、10月30日から、秋史の付添い生活に入った。

初めて入った9階の個室は、人工呼吸器の器械や酸素濃度計測器、痰吸引器、血圧測定器などが所狭しと置かれていた。

「オソイヨ！」

口パクで、秋史が文句を言い、怒った素振りで私を睨んだ。なんせ、シニア反抗期のお坊っちゃまだから、仕方ない。

「ごめん、ごめん、でもこれからは、毎日一緒だからね」

「ホント？」

一転、秋史が嬉しそうに微笑んだ。

部屋の奥、北側に小さな窓があり、その向こうに青空が見えた。向かい側のオレンジ色の医学部校舎に陽が当たり、照り返しが目に眩しい。でも南向きの、陽が燦々と降り注ぐ部屋に変えてもらうことは出来ないだろうか。その後交渉したけれど、人工呼吸器などの器械が入れられる部屋で、且つ緊急の状況時を想定して、ナースステーションが近い部屋は他にはないとのこと。改めて、秋史の状態の重さを知らされた。

秋史は、腸ろうで栄養分を摂るようになったせいか、以前会った時より頬がふっくらとして、色艶が良くなっていた。

「秋ちゃん、顔色いいね！」

このまま順調に快復して行く予感がして、嬉しくなった。

私は、部屋の中で色んな音楽をかけた。松田聖子とかユーミンとか、ブロードウェイミュージカルとか、１９７０年代、80年代のポップスとか、秋史がよく聴いていた元気になる曲を。調子のいい時には、秋史も手を上げてリズムを取った。といっても、何かの拍子に1回だけ上に振り上げるだけだけど。


当初は、まず朝、病院に行き秋史の世話をし、一旦家に戻りワンコのお散歩をしてまた病院に戻り、夜は家に帰るスケジュールを立てた。

しかし、5日ほど経った頃、病院から、早朝5時に秋史が私を呼んでいるので至急来るようにと電話があった。慌てて病院に行くと、別に何のことはない、ただ一人が嫌だったらしい。「妻を呼べ」と何度もノートに書き殴り、若い看護師さんの手に負えなくなったのだ。

このことがあって、とにかく私は出来るだけ秋史の側にいることにした。それからは、ワンコをまず朝預けて病院に入り、一日中病室で世話をするスケジュールに変わった。ただ、ワンコのお預けでは、色々大変だった。いつもお願いしていたペットシッターさんがご事情もあったのか、明日からは預かれないと、突然キャンセルされた。しかし秋史のことでギリギリの毎日、夜の段階で次の日の早朝、ワンコを預けられるところを見つけるのは至難の業だ。途方に暮れた。

思い切って、ワンコのお散歩で会う方に、預かっていただけないか恐る恐る電話した。

「大丈夫よ！　預からせて！」

ご自身も、ご病気のお姑さんのお世話などで大変なのに、即答してくださった時、私は嬉しくて泣いてしまった。今でもあの頼もしい声は忘れられない。しかし、やはりその方も長くは難しく、別のペットシッターさんを探し、それからは毎朝6時半から夜の7時過ぎまで、カレンとセリーナは、他の預けられているワンコ達と過ごすことになった。その間、あの子達も頑張った。シッターさんは愛情をかけてくれたけど下痢をしたり足を引きずったり、体の不調があったのは、集団生活で気を遣ってしまったからだと思う。

とにかく私は、ワンコを預けることで秋史の世話に没頭することが出来た。でも夜は、カレンとセリーナに会えたから、私もカレンもセリーナも癒された。彼女達の長い毛の中に顔を埋めて、その日の秋史の言動、体の状態、辛い出来事を洗い流すかのように、話した。

「だってさ、みっちゃんの家族は、秋ちゃんと、カレンちゃんと、セリーナちゃんきりだもんね」

泣きながら話すから、二匹の背中や顔周りは、いつもしっとり濡れてしまっていた。

みっちゃん、よろしくお願いします

付添いに入って数日後のある日のこと、看護師さんに体を拭いてもらっている時に、何かの拍子で人工呼吸器が抜けてしまった。

ピー、ピー、ピー、ピー、ピー！！！

警告音が鳴り響く。看護師達が慌てふためく。私も驚いたが、秋史の様子はあまり変わりなく見えた。そして少し体を起こし、何と、声を出した。

「みっちゃん……よろしくお願いします」

久しく、１ヶ月以上聞いていなかった秋史の声で、しっかりと低く太く大きな声。生の声を聞いて仰天した。

「はい！　秋ちゃん、わかりました！　私に、任せて！」

秋史に駆け寄る私を遮って、男性の看護師さんが制した。

「奥さんは、廊下に出ていてください！」

警告音は一層強くなり、私は後ろ髪を引かれる思いで廊下に出た。入れ違いに担当の医師が慌てて病室に入って行く。どうしたというのだ。

しばらくして、もう大丈夫と病室に戻された。

秋史は、元のように呼吸器の管が付けられていたが、顔が真っ赤になっていた。人工呼吸器が外れ、酸素が供給されずに危険な状態であったと。処理の仕方が悪くて申し訳ありませんでしたと、看護師さんが頭を下げた。こうやって、一瞬にしてそこに死があることを実感して、ゾッとした。

でも、秋ちゃんの声が、聞けた。

喉から管が抜けてしまった瞬間に、声帯が動かされ声を出すことが出来たのだ。

秋史の声を、本当に久しぶりに聞いた。ちゃんと「みっちゃん」って言ってくれた。私は嬉しくてたまらなくなった。

「みっちゃん、よろしくお願いします」

この声が、私が聞いた秋史の最後の声だ。

ハピーバースデイ　トゥ　ミッチャン

病室の中、ベッドの秋史から見える壁のボードには、色んなものを貼り付けていた。文字盤の大きい時計、愛くるしい子犬の時と美しい成犬になったカレンとセリーナの写真群、そして大きなカレンダー。毎朝病室に入ると、昨日の数字にバッテンを書いて、今日の日付を大きく丸で囲む。

今日は、11月5日、私の誕生日。

私が、5の数字に丸をして後ろを振り返ると、秋史が手でおいでと言っている。

「なあに？」

今日は、朝からしっかりと目覚めているようだ。「おめでとう」って言ってくれるのかしら。私の頭を引き寄せて、耳元で何かを言った。

「秋ちゃん、声は出ないんだから、耳元でお話ししてもわからないよ。唇を見せて」

少し顔を離して、口元で言っている言葉を探った。

「ツライ……」

「え？　辛いって言ったの？　辛い？　辛いね。どこが辛い？　痛い？　どこ？」

もういいと、手で私を追い払った。言っている意味が通じなかったのだろう。どこかが痛いとか辛いではなく、全ての状況が辛かったのだと思う。

その日、もう私の誕生日など忘れてしまったと諦めていたけれど、午後、調子が良くなって、ノートに「Happy Birthday to みっちゃん」と書いてくれた。文字を書きにくい中で、英語の文字を書けたことが嬉しかった。その後急にご機嫌になって、口パクで歌ってくれた。

「ハピーバースデイ、トゥーユ〜〜〜」

最後まで、歌い通してくれた。手を広げ歌うさまは、まるでフランク・シナトラ。昔、シナトラのライブに、アメリカまで一緒に足を運んだこともあった。

声の出ない中で歌ってくれたことが、心底嬉しかった。ご機嫌になった私は、秋史に話しかけた。

「秋ちゃんにもらったプレゼントで、今までで一番嬉しかったもの、わかる？」

「ビギン？」

「ビギンちゃんは、特別！　それ以外で」

秋史は首を傾げた。

「それはね……絵の額縁！」

色んなものを、誕生日にプレゼントしてもらったけれど、一番嬉しかったのは、ニューヨーク時代にもらったもの。私が描いた油絵のための額縁だった。

ニューヨークの絵の学校に通っていた頃、私は二人で旅したベニスの風景を油絵にした。絵の中の、運河を走るゴンドラの一つには、その当時のワンコのジェシカと、亡くなっていたビギンを乗せて描いた。ただ、1メートル四方の正方形のキャンバス地にそのまま描いたので、ベニヤ板に画鋲で貼っていて、絵画の態をなしていなかった。

その頃、10月の終わりから私は映画の撮影のため日本に帰国していたが、ニューヨークに戻ってきた11月5日、秋史が嬉しそうにリビングに誘った。

「ホラ、見て！」

リビングの壁に、しっかりと額縁に囲まれたベニスの風景が飾られていた。

「あっちこっちの額縁屋で探したけど、こんなサイズの額縁ないんだね。だから、お願いして、特注で作ってもらったんだ。どうですか？」

秋史が意気揚々と、自慢げに話してくれた。額縁は派手なものではなく、落ち着いたダークブラウンの装飾で、絵の良さを引き立ててくれた。

「あの時、秋ちゃんが、特別注文して額縁を一生懸命頼んだかと思うと、嬉しかったよ。あのプレゼントが、一番だね！」

ベッドの中の秋史が、満足そうに頷いた。

もしかしたら、私が一番嬉しかったというよりは、額縁を送った秋史本人の方が嬉しかったのかもしれない。いつもは淡々としていた秋史から、あんなに興奮してプレゼントをもらったのは初めてだったもの。

あのベニスの絵は、画家である先生から評価され、その後、展示会で発表することになった。素人の絵だけれど、意外に高額の買い手が付いた。しかしかなり悩んだ末、売るのをやめた。絵の中のビギンとジェシカをどこかに手放したくなかったし、何よりも、秋史からもらった額縁は人には譲れなかった。


今その絵は、リビングの秋史の写真の上に、飾られている。

蝶々夫人とスズキ

誕生日といえば、秋史の病気がわかる前年の私の誕生日も、思い出深い。

２０１８年の11月5日、私の誕生日は、正に舞台『蝶々夫人とスズキ』の真っ最中だった。

オペラ『蝶々夫人』を題材として、登場人物である女中のスズキの目を通して作り上げた作品で、脚本は私が担当した。オペラ歌手が『蝶々夫人』のアリアを歌い上げ、スズキ役の私がストーリーを運びながら芝居をする。18年の春と秋は、秋史が副業でしている六本木のレストランで、19年2月には、赤坂のドイツ文化会館ＯＡＧホールにて公演が行われた。

実は『蝶々夫人とスズキ』は、私が女優として、初めてプロデューサー宅間秋史とタッグを組んだ舞台だった。

秋史がフジテレビ時代、私は、プロデューサー宅間秋史の作品に出演したことがほとんどない。敢えて挙げれば映画『デボラがライバル』（松浦雅子監督、吉川ひなの、谷原章介出演）だけだ。それはスタッフの強い要望があったから出演出来たが、秋史は、私をキャスティングすることはいつも避けていた。

本当に数多くの女優さんをスターにしてきた秋史だけれど、妻に対しては、関係することを断固拒否。公私混同を避けていたのだが、私としては淋しかった。私の出た作品も秋史は積極的には観てくれないのに、秋史が必死に他の女優さんのことを考えているのは、正直なところ癪だった。

「宅間さんの奥さんは、使いにくいんだよねえ」

あからさまに、ライバルのプロデューサーや監督に言われたことは、数多い。他局で出演決定していた番組の裏番組が、秋史の担当ということがわかり、直前で断られたこともある。

秋史が優秀なプロデューサーになればなるほど、私の仕事でいいことは、あまりなかった。あるとしたら、仕事の過酷さを理解してもらえたこと。仕事上の悩みには、裏方目線でアドバイスしてくれたこと。だから途中からは、それだけでもありがたいと思うようにしていた。

その私の長い間の不満を知っていたのだろう、フジテレビを退社する時、秋史が言ってくれたのだ。

「今まで、ごめんね。でもこれからは、みっちゃんのことも沢山プロデュース出来るからね。舞台だって、映画だって」

その第1弾が、この『蝶々夫人とスズキ』だった。

1回目の公演はニューヨークで活躍する卓越した声の持ち主のオペラ歌手、田村麻子さんが歌い上げ、2回目と3回目のオペラ部分は池田理代子さんと村田孝高《よしたか》さんが担当した。

漫画『ベルサイユのばら』の作者でありながらオペラ歌手もされている池田理代子さんは、蝶々夫人の儚さを歌で表現され、見事に演じ切られた。

芝居部分の出演者は私だけで、正に一人芝居だ。そこに本物のオペラの歌声が重なり合い、新しい形の芝居となった。秋史は、オペラ『蝶々夫人』を深くわかりやすくドラマチックに表現出来たと、プロデューサーとして絶賛してくれた。本当に嬉しかった。

そして、秋公演のある日のカーテンコールの時のこと。私が挨拶しているのを遮って、池田理代子さんと村田孝高さんが、突然、花束を差し出した。そして朗々とお二人で歌い出したのだ。

「ハピーバースデイ、トゥーユ～、ハピーバースデイ、ディア美智さ～～～～～～ん、ハピーバースデイ、トゥーユ～～～～～」

この日は、私の誕生日の11月5日。驚いた。言葉通りのサプライズが嬉しくて気恥ずかしかった。私のために歌わせてしまって申し訳ない気持ちだった。しかし、オペラ歌手二人が高らかに歌い上げるハピーバースデイは、それはそれは素晴らしく、胸に響き渡り、後にも先にもあんなに素敵な誕生日の歌はなかった。

後で聞くと、秋史が池田さんや村田さん、ピアニストの小埜寺《おのでら》美樹さんに頭を下げて、コソコソと頼んだらしい。コソコソだったから、私は全然わからなかった。

「あんなに一生懸命頼んでる宅間さん、可愛かったですよ！　羨ましい！」

ピアニストの美樹さんが教えてくれた。

これからは、秋史のプロデュースで、色んな作品に出演する。沢山の女優さんをプロデュースしてきた秋史を、ようやく私一人のためのプロデューサーとして独り占め出来る。そう思った。

でも、山村美智のための第1弾のプロデュース作品は、これで終わり。結局『蝶々夫人とスズキ』が最初で最後の作品となってしまった。

筆談ノート

気管切開して、喉の下の辺りから管を入れるようになってから、自分の意思を伝えるために、秋史とは紙で筆談するようになった。私が付添いに入ってからは、ノートを準備し、そこに書いてもらう。ノートは10冊くらいになった。といっても、ほとんど何を書いているか判別が難しかったし、後半は書くことさえ出来なくて役に立たなかったけれど。

せん妄のせいなのか、変な内容が、ほとんどだった。

「映画のために、中国に行く。だから、ここ、早く出して」

これは、なまじ嘘でもない。実際映画の企画が進み、中国人女優のキャスティングはされていたから、彼女に会いに行かなくてはと思っていたのか。

「車の中に、みっちゃんへのプレゼントがあるから、取って来て」

「へえ～、そうなの？　ハイハイ」

と生返事をしたら、怒り出した。認知症の母の対応で慣れている私は、病室を出て車に行く振りをした。個室の中のトイレでしばらく時間を過ごし、あたかも外から戻ったようにしたけれど、もう秋史は書いたことを忘れていた。

どんなプレゼントだったんだろう。何を私に贈ろうとしてくれたんだろう。聞けば良かった。幻覚でも、私に何か贈ろうとしてくれていたんだ。

「このへやには、かんしカメラがある。スパイがいる」

監視カメラ？　すぐに外してもらうよう、院長先生にお願いして来るね。

「タバコ」

ダメダメ！　タバコのせいで、こんなになっちゃったのに。でも、きっと吸いたかったんだろうな。出来れば、吸わせてあげたかった。

「ゴルフボール、買って来て」

秋史は、ゴルフがプロ並みに上手かった。慶應高校ではゴルフ部に所属していたから、ゴルフ歴は長い。フジテレビの編成部時代のゴルフコンペでは、何度も優勝していた。

そう言えば、モダン会の仲間になるきっかけも、ゴルフだった。秋史がゴルフを教えてあげると提案し、毎週会うようになったんだ、私達。

「ゴルフボール？　わかったよ。今日家に帰る時、買って来るね。秋ちゃん、今度、ゴルフ、連れてってね」

秋史の教え方は、上手かった。ポイントだけ言った後、伸び伸びとプレーさせてくれる。どんなにいっぱい私が叩こうが、呆れずに面白がってくれた。だから、他の人とゴルフに行くより、秋史と行くのが一番ウキウキして楽しかった。

ある時は、こんな風に書かれて狼狽《うろた》えた。

「ここは、ホテル？」

「病院だよ。病院の９階」

「ところで、ぼくの病気は、なに？」

何と答えればいいのか。本人には今まで全部説明していたのに、忘れてしまったのか。

「秋ちゃんは、肺炎なの。だから、ここから管入れて、呼吸を出来るようにしているんだけど、これで肺炎が治ったら、オプジーボをやって、退院して、家に帰るの」

筆談は、このように文章に出来るようなことだけではなく、訳のわからない単語の羅列も多く、理解するのに悩まされた。

また、ティッシュの箱からティッシュを全て出してしまったり、箱を引きちぎったり、ノートを破いたり。まるでカレンやセリーナが子犬の時にしたのと同じことを、今の秋史がしている。

緩和医療の医師が回診に来た時、廊下に出て相談した。

「せん妄が酷くなっているのですが、いつ治りますか？　早く治す手立てはありますか？」

彼女は、躊躇いなく答えた。

「全ての末期癌の患者さんは、次第に言うことが変になっていきます」

「へえ……そうですか」

そう同調しながら、私は反発していた。患者の家族からの問いかけに、医師は、客観的にちゃんと返答したに過ぎない。でも、違う。末期癌患者の行く末なんて、私は聞いていない。どうすれば良くなるのかを聞きたいんだ。そんなこと、私の前に突きつけないで。

今度は、精神科の医師が回診に訪れた。

「何か困ったことがありますか？」

　また廊下に出て、同じ質問をしようかと迷っていた時、突然、秋史が口をパクパクさせて質問した。

「モーソーガ、ヒドイ。クスリ、アリマスカ？」

「モーソーって、何ですか？」

「モ、ウ、ソ、ウ！　モウソウ！」

　そうなのだ。秋史自身、自分が妄想していると理解していた。現実と妄想の狭間で揺れている秋史。自分がどんどん壊れて行くのを、秋史自身が辛く重く受け止めていたのだ。

　ノートの中は、妄想や幻覚ばかりじゃない。本当の秋史、現実の秋史が書いた言葉も残っている。

「かえる」

「早く、帰ろう」

「こきゅう器はずして、家に帰りたい」

「みっちゃん、今から外に出ますか」

「家に帰って、寝よう」

　一番多かった言葉は、「帰ろう」という文字。

私への言葉も多かった。

「あいしています」

「ありがとう、みっちゃん」

「みっちゃん、お世話になります」

「さびしくして、ごめん」

私が、夜、家に帰る時に、私のコートを引っ張って引き止め、書いてくれた言葉。

「優しい声で言っています。あいてま。ねます。秋」

秋史の穏やかに響く声が、耳元で蘇ってくるようだった。ラブレターをもらったみたいに、その日、私は幸せな気持ちで家路に就いたんだ。

でも、挫けた言葉もいっぱいある。

「もうじゅうぶん」

「しれんだ」

「僕は治らないと思う」

そんなこと書かれたって、私はへこたれない。

「何言ってんの、秋ちゃんは治るんだから、大丈夫なんだから」

私は笑い飛ばした。

しばらくしたら、今度は、前向きな言葉が連ねられた。

「生きててよかった。みっちゃん、やったね」

「がんばる」

「病気を治す」

秋史の心は、そして私の心も、希望を持ったり絶望したりの繰り返し、そんな毎日だった。

秋史の挑戦

夜に電話があるとドキドキした。それまでは、母の施設からの電話を想定していたけれど、今や、秋史の病院からのものが大半だ。

その日、付添いから帰り、ワンコのお世話や洗濯をしていたところに電話が鳴った。案の定、病院の夜間担当の医師からだった。

私が帰った後、手を拘束するまでに間があり、その隙に、自分で人工呼吸器をひっこ抜いてしまったと。

「すみません、呼吸器が抜けているのに気付くのに数分かかってしまい、酸素濃度が30以下になりました。二酸化炭素が体中に充満して意識がなくなり、現在処置中です」

「え？　意識がなくなった？　すぐ行きます！」

「いえ、今来ていただいても奥様は会えないので、ご自宅で待機してください。また連絡しますから」

電話を切った後、いてもたってもいられなかった。部屋中をグルグル回った。私のオロオロする様を見て、カレンもセリーナも心配なのか、後を付いて回る。

秋史は、調子がいいと呼吸器の管に手を当て、私に聞いていた。

「コレ、ジャマ。ヌイテ、イイ？」

その度に、私は秋史の手を止めて強い口調で言った。

「ダメ！　そんなことしたら、死んじゃう！」

「ダイジョウブ。ヌイテモ、シナナイ」

「ダメ〰〰〰！」

体の具合がいいと、チューブなんてものがなくても息が出来ると錯覚したのだろう。確かに、当面の私達の目的は、管を抜くこと。管さえ抜ければ、車椅子に乗れる。病院の中庭で、カレンとセリーナに会わせることが出来る。毎日酸素濃度も１００近くになり順調になっていたから、もう少しだった。それなのに……。

しばらくして、電話がまた鳴った。医師から、酸素濃度も元に戻り意識も快復したとの報告だった。

「私達も、ホッとしました」

夜間の担当医師の声が、さっきより掠れて聞こえた。

次の日に会った秋史は、いつもと変わらない様子で安心した。

でも、昨夜は難しかったけれど、いつか呼吸器を外せるのではないかという希望は変わらなかった。その日の担当看護師に相談した。

「人工呼吸器は、そのうち、外せるようになるかしら？」

看護師さんは、う〜むと唸った後、答えた。

「正直なところ、難しいですね。まず筋肉が落ちているので、肺の機能も落ちている。だから、昨夜も、たった10分で急激に悪くなったし」

「じゃあ、筋肉を付けるには、どうしたらいいんですか？」

「リハビリですかね」

「だったら、リハビリ、お願い出来ないですか？」

「それは今の宅間さんには無理かもしれないですよね。たとえば、体を起こすとか出来ていないし。宅間さんは、自分で体起こせないですよね」

「ええ……。だったら、自分で起きられるようになれば、いいんですね」

しかし、実は、付添いを始めてから一度も、秋史自身で起き上がるのを見たことがなかった。起き上がる時は、ベッドを電動で動かすしかないのだ。

無理なのか、と思ったその時だった。それまで、眠っていた秋史が、目を開けた。

「どうした？　痛み止め、入れようか？」

私が声をかけると、秋史が、突然ベッドの柵を握りしめた。柵を下ろして欲しいのかと思い、秋史の手の上に私の手を重ねた。すると秋史は私の手を振り払い、柵を握った手に力を入れて、ぐ、ぐ、ぐっと、身を起こし出したのだ。

「秋ちゃん！」

私も看護師さんも、呆気に取られ驚愕した。慌てて秋史の背中に手をやり、支える。そして秋史は、ベッドの上で90度になるまで起き上がっていた。背中を摩りながら、私は声も出せなかった。そして長い時間、といっても1分ほど、秋史はその体勢のままでいて、力尽きたように横になった。

確かに今、秋史は、自分の力で起き上がった。私も看護師さんも、目撃した。その秋史の挑戦に、深く感動し体中が震えていた。

「明日から、筋肉付けられるよう、どうかリハビリをお願いします」

私は看護師さんに向かって、深く頭を下げた。看護師さんも、上気した面持ちで答えてくれた。

「リハビリの医師に相談して来ます！」

秋史は生きたかった。車椅子に乗ってカレンちゃん、セリーナちゃんに会いたかった。家に帰りたかった。そのためには、どんなことでも頑張る。秋史のメッセージが、しっかりと伝わった。

ノースライト

その頃の私の毎日の生活は、ほぼ変わらなかった。朝5時に起床、ワンコの朝ご飯を準備して食べさせる。自分のための朝昼晩の3食を作り、温かいお茶も入れ、保温ポットに入れる。病棟には電子レンジがない。看護師さん用の電子レンジはあったけれど、患者の使用は禁じられている。もちろん秋から冬にかけての寒さ、夕ご飯を食べる頃はぬるくなってしまっているけれど、そんなこと、どうでも良かった。口に栄養さえ入れられればいい。私が倒れたらおしまいと必死だったから。

お弁当や、その日補充しなければいけないティッシュや、担当看護師さんへの差し入れとかをバッグに入れて、ペットシッターさんにワンコを預けた後、朝7時には病院に入っていた。

まだ夜明け前。病院の入り口に足を踏み入れる時は、太陽が都会のビルの側面を照らしながら、顔を覗かせようとしている瞬間だ。

「太陽さん、今日もよろしくお願いいたします」

結局、姿を見せてくれない太陽の影に向かって、毎日頭を下げ、病院の入り口に向かった。

9階の病室に入ると、秋史が待ちかねたように「ヨーコソ」と歓迎してくれるか、「オソイ」と文句を言うか。でもそれも最初の方だけ。やがて、眠りこけていることが多くなった。

カレンダーに丸を付け、カーテンを開け、テレビを点ける。タオルで秋史の顔を拭き、目脂《めやに》を取り、口の中のネバネバを拭う。看護師さんに口腔ケアをしてもらえるのだが、遅い時間になることもあるので、一刻も早くさっぱりさせてあげたかった。

次にすることは、体のマッサージ。アロマオイルで、首、肩、お腹、腕から手、脚と足裏、順にマッサージする。何種類ものオイルを使ったし、中には癌に効くと言われている高価なオイルもあった。特に左肩から首の後ろは念入りに。その辺りは、癌が酷いのか、腫れていて、左腕は指先まで酷く浮腫《むく》んでいた。コッペパンのように膨れ上がった手のひらを入念にマッサージしていると、少しだけ腫れが引き、看護師さんに「さすが、奥さん！」と褒められ嬉しかった。でも、左手全体は全く感覚がなく、動かすことが出来ない。やがて、右側の腕も、腫れるようになっていった。

脚の筋肉も落ちているから、肺炎が治り人工呼吸器が取れた時に歩けるようにと、何度も脚を折り曲げたり、上に上げたり、ストレッチも欠かせなかった。

個室の1日は、忙しい。色んな医師の回診があったり、看護師さんや、リハビリの先生、人工呼吸器のチェックや痰吸引器の交換など、多くの人が出入りする。

本人にとって辛いのは、切開した場所から長い管を気管の真ん中まで挿入し、痰を吸引してもらう作業。1日に何度も行われる。その時の警告音が、今でも耳から離れない。

「レミファ、ラ、ラ」

私には絶対音感がないけれど、なんとも奇妙な音階で鳴り響く痰吸引音だ。その音と、秋史の苦しくえずいたり咳き込む音が混じり合い、私にとっても辛い時間だった。

看護師さんにより、オムツ交換、着替え、日によっては、シャンプーや足湯なども行われる。看護師さんの強力な助手になって、私もまめまめしく手伝った。オムツ交換の際、最初の頃はしっかりと自ら腰を上げてくれた。

「秋ちゃん、すごいね、力あるね」

と、手を叩いて喜んでいたけれど、そのうち上げることは出来なくなった。


忙しい1日だけど、合間に、誰も来ない静かな午後の時間帯が訪れる。

ある日のこと、私も疲れ果てベッドサイドの椅子に座った。ベッドの横から布団の中に足を潜り込ませる。眠っている秋史の脇腹にピタリと足をくっ付けた。私の足も象の足のように酷く浮腫んでしまっていた。夜中には、何度も足がつって目が覚め、眠れない。看護師さんに着圧ソックスを勧められたくらいだ。

布団の中で、生きている秋史の体の温もりが、私の足裏にジュワジュワ伝わってくる。

「しあわせ……」

秋史が薄目を開けて、「なあに?」と言う風に私を見た。

「みっちゃんは、秋ちゃんと一緒にいられて幸せだよ」

そう言うと、秋史が目で頷いて、また眠りに入った。

目の前の窓の向こうは、今日もお天気。真っ青な空。隣の建物に当たった太陽の光が、優しく目に入ってきた。

「ノースライト」

北側から差し込む柔らかで穏やかな光のことらしい。建築用語とも聞いた。画家にとってもノースライトは色味が一定に見えるから、パリの画廊には北向きの部屋が好まれるという。

太陽の姿を見ることが一切許されない毎日だけど、ノースライトの向こう側に、輝く太陽を想像することが出来た。ノースライトがゆっくりと、この部屋を、秋史を私を、静かに照らしてくれている。まるで秋史と私だけが違う惑星にいるようで、孤独な想いに駆られた。でも同時に、二人だけの濃密な世界にいるようで、幸せな気持ちにもなった。

眠りに落ちた。

ハッと気付くと、私の足がモソモソする。そう、秋史が私の足を摩ってくれていたのだ。看護師さんに、こんなに浮腫んでしまってと見せていたからだろう。

秋史は元気な頃、よく私の足を揉んでくれていた。強い力で押す指は逞しくて心地好く、酷く疲れると私は甘えてマッサージをねだった。今の秋史の力は儚い。今にも止まってしまいそうなリズム。優しい手の温もりが、浮腫んだ足に伝わる。永遠にこのままでいたい、秋史と触れ合っていたかった。そんなことを思っていたら、涙が溢れて止まらなくなった。秋史に気付かれないように、眠った振りを続けた。

あっという間に夕方になって、4時にはもう窓の外は薄闇に包まれる。濃紺色に染まり始めた空を見ていると、訳もわからず哀しくなった。

「それ、黄昏泣きだね」

夕暮れになると、赤ちゃんが堰を切ったように泣き出す。それを「黄昏泣き」と言うらしい。友人から、それと同じだと指摘された。そうか、私は赤ちゃんではないけれど、秋史の子供みたいなものだものね。今は私がお母さんになってしまっている。だけど、早く秋史の子供に戻りたいから、黄昏泣きになっているのか。

夜の7時、外は真っ暗な闇、帰る時間だ。

「じゃあね、秋ちゃん、帰るからね。カレン、セリーナを迎えに行って来るね」

そう私が言うと、

「ヨロシクオネガイシマス」

と、答える時もあった。

「アイテマ、ナサイ（愛しています、おやすみなさい）」

と、すぐにキスをしようとした時もあった。

でもこの日は、秋史が首を振った。

「ダメ、カエラナイデ」

「だって、私が帰らなかったら、カレンちゃん、セリーナちゃん、困るでしょ?」

「ボク、シヌヨ……カエッタラ、シヌ」

死ぬ……どうか、そんなこと言わないで。死ぬなんて言わないで。困った私は、睡眠導入剤が効いてくるのを待って、遅れて病室を出た。

確かに、あの部屋で、たった一人夜を過ごすのは、どんなに辛いことだっただろう。色んな機器のピイピイと鳴り響く警告音や、絶え間ない呼吸器の掠れた音に包まれた部屋。睡眠導入剤が切れて目が覚めると、体中が痛くて苦しくて悶えるだろう。看護師さんだって、夜の時間帯には数も少なくなり、呼んでもすぐには来られない。その上、管を外さないように、私が帰った後、動かせる方の右手は、頑丈な紐で括り付けられて、ベッドに拘束されてしまう。

後ろ髪を引かれながらも、エレベーターで9階から1階に降りた。ロビーは歩く人も疎らで、閑散としていた。私は「秋ちゃん、秋ちゃん」と、オイオイ泣きながら、夜間出口に向かった。

「宅間さんの奥さんじゃないですか?」

若い女性に呼び止められた。

「私、ＨＣＵの看護師です」

とても可愛らしい看護師さんだった。コートを着ているから、仕事終わりで帰宅するところなのだろう。

「ＨＣＵで担当の時、筆談で冗談とか言ってくださって、とても優しくて。宅間さんは、本当に楽しい患者さんでした。その後いかがですか？」

そうやって、ＨＣＵでも看護師さん相手にふざけたりしていたのか。何だか、とても救われる思いになった。

「なかなか良くはならないけれど、大丈夫、絶対、治るので。退院する時には、報告に行きますから、待っててくださいね」

病院から外に出ると、北風が吹き荒び、芯まで冷えた。目には見えない宇宙の神様に、今日も１日ありがとうございましたと祈りながら、家路に就いた。

家に帰ったら、カレンとセリーナのボール遊びをしてあげて、洗濯して、お風呂に入ると、あっという間に寝る時間。私も睡眠導入剤を飲んで寝るけれど、何度も夜中に目を覚まし、毎日寝不足だった。

でも、いい。またノースライトを眺めながら、秋史の横で微睡《まどろ》めばいいんだもの。

私の幸せな時間。

モウ、イイ、イキルノハ、ヤメタ

11月中旬の朝のことだった。その日、病室に入ると、秋史の手は両方ともベッドに拘束されていた。焦るように、何重にも巻かれた布の紐を解いた。くっきりと縛られた跡が残る手を腕を、何度も摩った。

「どうして、不自由な方の左手も、縛るんですか！」

私は、夜間担当の看護師さんに食ってかかった。

「そちらの手も、何かの拍子に、管に触る時があるんですよ。ごめんなさいねぇ」

看護師さんは、気の毒そうに言った。

確かに、秋史は管を触って外してしまい、意識がなくなったことがある。また、夜中に、腸ろうの管を引きちぎったことも。看護する立場では、拘束以外ないのだ。唯一あるとすれば、私が泊まり込んで見張るしかない。

その後、いつものように、秋史の体を入念にマッサージし始めた。警告音に気付いて、ふと見ると、酸素濃度の値が80台に下がっている。正常値は96以上。慌ててナースコールを押した。

医師と看護師が飛んで来た。器械から目一杯酸素を送る。しかし、80台の値は、下がり続けていく。今度は、開放吸引という方法で、トイレの詰まりを直すような巨大な吸引する道具を持って来て、秋史の管に酸素を送り込んだ。医師も看護師も必死で、切迫している。秋史の悶え苦しむ表情が垣間見えた。体を横に向けたり色んな処置をして、漸く酸素濃度の値が95を示した。

「この後の、様子を見ましょう」

病室は安堵の空気を取り戻し、医師と看護師は部屋を出て行った。

それまで朦朧としていた秋史に生気が戻った。


その日の午後、窓の外を見ていた秋史が、私においでと言い、ベッドの脇を叩いて腰掛けるよう促した。

「なに？　どうした？」

秋史が私の顔をじっと見た。真面目な表情だ。口パクで言った。

「モウ、イイ」

「え？　何が？」

「モウ、イキナクテ、イイ。イキルコトヲ、ヤメル」

「何言い出すの。ダメだよ、そんなこと言っちゃ」

「チリョウハ、ヤメヨウ」

「え？　本当に？」

「ホントウ。イキルノハ、ヤメタ」

「秋ちゃん……」

そんなこと言わないで、と言いたかった。でも、あまりにも秋史の目が真剣で、反論出来ない。バラバラ涙が溢《こぼ》れた。秋史の切実な思いが、突き刺さるようによくわかる。あんな苦しい思いをして、痛くて辛くて声も出なくて縛られて、毎日悪くなっていて、生きたいなんて誰が思うんだろう。

その日の私自身も、たかだか、まだ20日くらいの付添いしかしていなかったのに、フラフラで、立っているのもやっとだった。このまま私も奈落に落ちていく感覚がしていた。

「ミッチャン、アリガトウ」

ありがとうなんて、私は、何も出来ていないのに。秋ちゃんを治すこと、気持ちいいこと、いっぱいしてあげたいのに、何にも出来ていないよ。

「センセイニ、イッテキテ。チリョウ、ヤメルヨウ」

私は、秋史の胸にしがみつき、わんわん泣いた。もっとギュッと抱かれたかったけど、人工呼吸器の管が邪魔をした。

もう秋史を、苦しませたくない。

その後、私はグシュグシュに泣きながら、秋史の意向をその日の担当医師に伝えに行った。

「わかりました。でも治療は緩和治療で変わりませんから。でもご本人が覚悟を持たれたのなら、私達も共有して尊重します」

ナースステーションの椅子に座ったまま、医師は驚くこともなく、冷静に答えた。

病室に戻り、落ち着いた様子に戻った秋史に、思い切って言った。

「秋ちゃんと、一緒に逝きたい」

涙でしゃくり上げながらも、本心だった。すると秋史は、急に戯けた表情をして答えた。

「アレ？　イカナイノ？」

「へ？」

思わず素っ頓狂な声が出てしまった。秋史の顔を見ると、笑っている。こんな時に、普通は、「みっちゃんは、ちゃんと生きなきゃダメだよ」とか言うもんだろうに。明らかに、秋史が得意の、人を揶揄う時の表情だ。ニヤニヤした顔を見ていたら可笑しくなって、泣きながら私も笑い出してしまった。秋史は覚悟したことで、急に気持ちが軽くなったのだろうか。隙があれば冗談を言う秋史は健在だった。

この後、秋史は眠りについた。私も泣き疲れて、うたた寝をした。

数時間後、秋史が目を覚ました。少しスッキリした表情だ。私はいつものようにベッドの背を動かして体を少し起こし、秋史の肺を膨らませるようにした。

秋史が、何か言っている。

「なあに？」

「ガンバル」

口元が動いた。

「え？　頑張る？　頑張るって言った？」

「ウン」

「頑張るって？　生きるの、やめないの？」

「ミッチャンガ、ガンバルカラ……」

「みっちゃんが頑張るから……何？」

「ボクモ、ガンバル」

「うん」

「ミッチャンイルカラ……タタカウ」

「ホント？　本当に生きてくれるの？　生きるの、頑張ってくれるの？」

「ウン」

私は、転がるように病室を出て、ナースステーションで待機していた医師に言った。

「さっきの撤回させてください！　夫は、生きるそうです。頑張るそうです！」

医師が落ち着いて答えた。

「わかりました。さっきも言いましたように、治療は変わりませんから。でも、私達も頑張らせてもらいます」


秋史も、私も、行ったり来たり。心は千々に乱れる。でも、本当は、秋史は生きたくてしょうがなかったんだ。私は、もちろん生きてもらいたかった。でも、あんなに苦しい思いをさせたことに、今でも良かったのだろうかって後悔する時がある。私のために、申し訳なかったと。だから、今でも、ごめんねごめんねと謝っている。

この後、秋史の闘病生活、私の付添い生活は、１ヶ月以上も続いた。

コロナ禍のお見舞い動画

コロナ陽性率が上がり、世の中がどんどん規制されていくのと比例して、病院も厳しくなっていった。昼間の時間帯は病棟から出ることは禁じられ、病院内のコンビニにも行けない。私は個室から1歩も出られない。

少し規制が緩んだら、友人達にお見舞いに来てもらおうと思ったのに、一層難しくなった。何とか、秋史を元気付けられないものか。

そうだ、ラインで動画を送ってもらうのはどうか。あちこちの親しい友人達に、動画を撮って送ってもらうよう依頼した。

その日から、色んな動画が届いた。依頼されてすぐにそのまま、バスの後部座席から送ってくれた友人や、どうってことのない日常を送ってくれる友人。秋史が犬好きなのを知っていて、駒沢公園でワンコを取材インタビューした動画。

フジテレビの後輩が、会社の中の色んな部署に行き、秋史の懐かしく思う人達を撮影したのもあった。相手の人は入院中の秋史宛てとは知らないから「何なんですか？　ドッキリですか？」と、笑いながらも不審がっている。

大学時代の親しい仲間三人は、わざわざ動画のために集合し、遠い九州にいるもう一人も電話で参加して、ミニ同窓会の様子を撮影してくれた。

モダン会のメンバー、遠藤龍之介も、永山耕三も、寺尾のぞみも、送ってくれた。のぞみはニューヨーク時代にいつも会っていたから、共に歳を重ねているのがわかっていたけれど、改めて見ると、龍之介も耕三も円熟味を増している。

「だって、俺たち、お孫ちゃんまでいるおじいちゃんなんだから」

皮肉屋の耕三が言った。私から見ると、全員お年寄りのコスプレをしているだけに見えて、実感がなかった。秋史も頭髪が真っ白で、人から見たらおじいちゃんだけど、中身は遠い昔と変わっていない。結局歳を取るということは、外側だけ肉体だけのことなんだ。

耕三も龍之介ものぞみも、さりげなく応援してくれた。

「まだ20年くらい、俺たち頑張りますかね。だから頑張って」

「早く、モダン会で集まれるようにさ」

「秋ちゃん、頑張ろうね」

沢山の動画を観て、秋史はニヤニヤと嬉しそうだった。

みんなの応援動画を観たせいか、その数日は、調子が良かった。主治医グループの回診の時にも、何かご機嫌で口パクで話しかけている。でも、何を言っているのか、判別がつかない。医師達が、必死に口元を見て理解しようとする。

「ワルイイシャ……」

え？　悪い医者？　先生は悪くないよ。何言ってるの？

ようやくそれが、映画の登場人物だと気付くまで、数分を要した。どうも病院が舞台の映画らしい。

「すみません、どうも映画の企画みたいです」

「なるほど。ＨＣＵの時も、言われていましたよ。もうこの病院で、５本、映画が出来たって」

「へえ、そうだったんですね。だったら、映画作る時、先生には監修で入ってもらわないといけないですね」

「わかりました。いくらでも協力しますよ。映画、楽しみだなあ」

主治医がそう言うと、若い医師達も看護師も、みんなが大笑いした。秋史は、嬉しそうに親指を立てた。

秋ちゃん、映画作らなきゃね！　でも、秋ちゃん、暗い映画はダメだ。コメディにしよう。最後はスカッとしなくちゃ！　秋ちゃん、治んなきゃダメよ。５本作るの大変だけど、頑張ろう。いい映画出来るよ！

個室代　オムツ代

13回も入院するなんて、本当に色々と大変だ。本人も辛い。周りも辛い。そして当然の如く医療費は嵩《かさ》む。初めの頃は入院なんて短いだろうからと高を括り、ストレスをかけないようにと個室に入ったが、差額ベッド代を考えると、その部屋に入院しているだけでストレスになった。１泊５万円近い金額。これでも個室では、一番下のランクのリーズナブルなお値段だ。

「今まで一人で泊まったホテルの中で、ここが一番高い部屋だよ。高級ホテル並みだね」

秋史が笑った。だから入院日数が多くなった頃、四人部屋に移った。何のことはない、最近の大部屋はプライバシーがちゃんと守られているし、他の患者さんの気配がするだけで孤独な気持ちにならなくて済む。早くから大部屋で良かったと悔やんだ。

しかし、13回目の入院、私が付添いに入るには個室が条件。たとえ高級ホテル並みでも致し方ない。入院費などの保険に入っているわけではないから、そのまま毎日お札がヒラヒラ飛んで行くよう。

ある日のこと、思い切って恥を忍び、病院のソーシャルワーカーに電話した。

「あのう……個室代なんですが、長期割引とか、してもらえないでしょうか？」

こんな交渉をする人なんて、滅多にいないのだろう。一瞬、相手が「うっ」と言葉に詰まったのがわかった。キャ！　恥ずかしい。穴に入りたい。

「すみません、そういうこと、一切していないんです」

「そうですよねえ。いえいえ、ちょっと聞いてみただけですから。ハハハ！」

と、空笑いの私。

いいさいいさ、入院が長引いて貯金がなくなっていっても、いいさ。退院した暁に稼いでもらえれば、それでいいのさ。そう自分に言い聞かせた。

とにかく、節約しなくては。

付添いに入る前、私は区役所に行って秋史の介護認定の手続きをしていた。出来るだけ悪いシミュレーションを考えた。良くなっても、すぐに歩けるようにはならないだろう。車椅子での生活がしばらく続くはず。そのためには、介護認定してもらった方がいい。すでにこの時、私は秋史が退院後、不自由な生活を強いられる覚悟はしていたのだと、今になって気付く。でも一番最悪どん底のシミュレーションは、全く考えていなかった。避けていたんだと思う。

とにかく節約をするために、まず介護保険でオムツとパッドを低料金で支給してもらうよう手配した。オムツ代も意外に高くてバカにならない。この辺り、母のことで慣れている私は、サクサクとあちらこちらに電話して病院へ届けてもらえるよう発注した。

「よっしゃ〜！　これでオムツも心置きなく使えるし。秋ちゃん退院しても準備万端よ」

大量のオムツとパッドとシートが個室に届けられたのは、注文してから1ヶ月後の12月の半ばだった。

諦めない満月の夜

秋史の付添いをしていると、今更のように、子供がいてくれたらと思うことが何度もあった。側に子供さえいれば、私と同じように嘆き哀しむ人が、もう一人いてくれる。医師との交渉も、代わってしてもらえる。孤独の哀しみを背負わなくてもいいはず。そんなこと、今更嘆いても仕方ない。

でも、せめてコロナ禍でなかったら、とも思った。

秋史のところに、沢山のお見舞いの人が来てくれて、秋史は元気になるはず。

私だって、友人達に看病の合間に会うことが出来ただろう。目の前でしゃくり上げながら、秋史のことを報告する。肩に手を置いてもらい、抱きしめてもらう。でも、その後に私は涙を拭って締め括るはず。

「ありがとう、聞いてくれて、泣かせてくれて。でも、もう大丈夫。とにかく、頑張るから」

体が疲れてボロボロになったら、誰かに付添いを交代してもらい、少し休んでリフレッシュ出来たかもしれない。コロナが心底恨めしかった。

何を贅沢言っているのだ。私は付添いが出来るじゃないか。それだけでありがたい。病院側は、秋史の命が長らえるなんて想定していなくて、ただ終末期という特例に沿って許可したに過ぎないけれど、付き添える。感謝だ。


でもそうは言っても、誰にも会えずたった一人で毎日病気真っ只中の秋史に向き合っていると、自分自身が変になった。苦しい。しかし、そんな苦しさは許されない。だって、秋史は何万倍も苦しいんだから。

だから、病室では笑わなくちゃ元気でいなくちゃと無我夢中だった。哀しくなっても、辛くても笑った。秋史が音を上げるのに同調したくなっても、ケラケラと否定した。

秋史の前で、元気になってもらうよう踊ったりもした。秋史の大好きだったミュージカル『コーラスライン』『キャバレー』、ニューヨーク時代に家の裏にあった映画館に3回も観に行った映画『ドリームガールズ』、次から次へとサントラをかけ、狭い病室で手を広げたり足を上げたり必死に踊ってみせた。私自身、体を動かすことで自分の中の不安の悪魔を吹き飛ばしたかった。秋史は嬉しそうにしている時もあったけど、「もういい」と手で拒絶する時もあった。

毎日、帰る前には、必ずツーショット写真を自撮りモードで撮影した。

「はーい、秋ちゃん、今日のお写真ですよ！　笑って！」

付添い生活、全50日、全ての写真の中の私は、笑っている。秋史も最初の頃は笑ってくれた。ヒョットコのように唇を突き出して、変顔をする時もあった。でも後半は、虚ろな表情がほとんどになり、最後の数日は、目を瞑っている。でも、私の顔は晴れやかに、笑っていた。

「またね〜、明日の朝、戻ってくるからね〜。きっと明日は、もっと良くなっているよ。おやすみなさい。あいてま〜す！」

ナースステーションの前を通る時には、他の患者さんの迷惑にならないよう小さな声で、でも元気良く挨拶した。

「この後、よろしくお願いします！　お疲れ様です。ありがとうございました〜！」

エレベーターに乗り込むと、目の前の鏡の中に、笑みを浮かべる疲れ果てた女が映っていた。私。こびりついていた笑みは、すぐに口角が落ちて消えた。1階に降りてドアが開くと、涙が自動的に溢れ出す。夜間出口から出ると、真冬の空気がダウンコートの隙間から滑り込み、頰に伝わった。冷たい。

真っ暗に見える夜の空に向かって、「あーん、あーん」と、子供のように嗚咽した。

ここでしか、私の内に澱《おり》のように固まったココロをふやかし溶かすことは出来ない。運転する目に入る信号は、涙で滲んでしまうけど、家に着くまでには、カレンとセリーナに会うまでには、何とか立ち直る。あの子達も、ギリギリのところで踏ん張っているんだから。私が泣いていて、どうする。


そんな私を支えてくれたのは、友人達だ。

食事や健康ドリンクを差し入れてくれた人達がいた。ありがたかった。

ラインで、毎日報告するのを許してくれた友人達もいた。私が秋史のことを諦めそうになっても、「絶対大丈夫」と確信の言葉をくれた。

「絶対、奇蹟は起こるんだから」

何の裏付けもない「絶対」だけれど、そう言ってくれるだけで、人は強くなれる。大丈夫だと思える。奇蹟を信じられる。

でも、ある日のこと、秋史の快復を信じるにはあまりにも辛くて、私自身が「もういい」「諦めればいいんだ」と思った時がある。

体の向きを少し変えるだけで、痛い痛いと顔を歪ませる秋史、気管支の奥深くまで管を入れられ悶絶する秋史。ニコリともしなくなって、いつも辛そうな顔だけになった秋史。私のために頑張ってくれているとしたら、もういい。苦しませたくない。あまりにも可哀想だ。もうこれ以上、耐えられない。秋史だって、もうこの苦行から逃れたいに違いない。

家に戻り、号泣した後、覚悟を決め、人生の先輩である友人に電話した。

70歳を超えている彼女は、ご主人を7年前に、下咽頭がんで亡くしている。同じように夫婦二人きりでお子さんがいらっしゃらない。秋史の病気がわかった頃、電話で話した時、何年経っても哀しみは全然癒えないと嘆いていらっしゃった。

「生きていても、つまらないわ。夫がいない毎日、楽しいことなんて、何もないもの。だから私、80までには絶対死にたいと思っているのよ」

そんなこと言わないでください、と返せなかった。その気持ちは、痛いほどよくわかった。

その後、私は敢えて連絡しなくなっていた。彼女と話すことで、秋史の行く末がご主人と同じようになってしまいそうで怖かった。

でも、今、私は覚悟した。

最期の日まで、また、最期の日は、どう迎えるか、どんな気持ちでいればいいのか、彼女なら、経験上、的確に答えてくれるだろう。

思わぬ返事が返ってきた。

「ダメよ！　諦めちゃダメ！」

諦めてはダメという言葉を聞いて、ハッとした。そして安心もした。私も、実は諦めたくなかったんだ。

「どんなことがあっても、あなたが諦めちゃダメ。諦めたら、死んじゃうんだよ。体が冷たくなって、どんどんカチンカチンに硬くなるんだよ。もう二度と抱き合えないんだよ。会えないんだよ。奇蹟は起こる。奇蹟が起こる人は、必ずいる。どうぞ、奇蹟を信じて。たとえ世界中の全ての人が信じなくても、あなただけは、最後の最後まで、奇蹟を信じなきゃ。秋史さんの奇蹟を信じられるのは、世界中であなたしかいないんだから」

私はオイオイ泣きながら、そうですね、そうですねと、何度も頷いた。

「お願い、お月様を見て。今夜は満月よ。お月さまは、きっとあなたにパワーをくれるから」

嗚咽しながら、ベランダに出た。満月に向かって掌を差し出した。柔らかい光に纏われて、もう一度、私は覚悟した。

どんなことがあっても、私は奇蹟を信じる。秋史は、良くなる。

ママのこんちくしょう

12月の初め、母の施設から電話があった。転んで股関節の骨折をし病院に緊急搬送されたと。10年前に右側の股関節を骨折し、手術入院の後、認知症になった母は、熱川から都心の老人ホームに移っている。今度は反対側の股関節を折ってしまったらしい。

股関節骨折での手術、入院の大変さを身に沁みて知っている私は狼狽えた。しかも私は秋史のことで精一杯の毎日を送っている。

「心臓にペースメーカーも入れていますし、医者からは、全身麻酔の手術で、お母様は96歳の高齢ですから、万が一のことも、充分あり得ると言われました。明日手術になりますが、どうされますか？」

「わかりました。何とか、手術前に会いに行けるよう、聞いてみます」

家との往復しか許されていない付添いだ。でも、何とか母のところへ行かせてもらえないか病院にお願いした。

「秋ちゃん、お母さんがね、また股関節の骨折して、手術することになったの」

その日の秋史は調子が良く、ベッドを少し起こす体勢になっていた。

おお困ったね、という表情をした。

「お母さん、ずっと会えてないのに。骨折なんかして、手術するなんて、可哀想、可哀想」

このまま会えなくなるのではないかとパニックになっている私の頭に、秋史が右手を置いてくれた。そして、そっと自分の胸に頭を引き寄せてくれる。呼吸器のパイプを引っ掛けないように、秋史の胸にしがみついた。

「みんないなくなっちゃったら、私一人になっちゃうよ」

目の前に生きている秋史がいるというのに、私は、一人になる不安に襲われて嘆いた。

秋史の命は、あまりにもおぼつかなかったから。

秋史が私に向かって、口を動かした。

「ダイジョウブ。ボクガ、ヨクナルカラ」

「秋ちゃんが良くなってくれるの？」

「ミッチャンノタメニ、ヨクナル」

「本当？」

「モチロン」

秋史が、戯けた表情をして答えた。そして右手で、私の頭を何度も撫でてくれた。秋史の言葉は、とても心強く嬉しかった。頼もしかった。問題がある時にはスーパーマンのように解決してくれる、いつもの秋史のようだった。


次の日、何度目かの交渉で、母との面会が許されることになった。ただ、執刀する医師に会うことは禁じられ、手術の説明を直接聞くことは出来ない。会えるのは手術前の10分、母本人だけと限定された。

母の入院している病院へ向かった。雨が降りしきっていた。久しぶりに、昼間の外に出られたというのに、太陽を見ることが出来ない。

手術前の母がいる準備室のドアを開けた。痛い痛いと唸っていた母が、私に気付き、ニコッと笑って「美智子ちゃん！」と叫んだ。

「あなた、しばらくぶりね。どうして来なかったの」

「コロナで、施設では面会させてもらえないの」

「ねえ、私、今、どこにいるの？　私、どうしたの？」

股関節の骨折をして、今から手術を受けるのだと説明した。「へえ！」と目を丸くして、母が驚いている。認知症が進みほとんど言葉を発しない時もあるけれど、今日の母の頭は明晰なようだ。言葉数が多い。

「秋ちゃんは、元気？」

今は、ほとんどコロナで会えないけれど、会った時には、いつも聞かれた。だから秋史が食道がんであることは説明してはいる。ただ忘れてしまうから、何度も繰り返す必要はあるけれど。でも今日は、今までとは違う。毎日大変な状況で、私が付き添っていることを伝えた。じっと私の話を聞いていた母が、ギッと宙を睨んだ。そして思わぬ言葉を発した。

「こんちくしょう！」

母がこんな下品な言葉を使うことは、滅多にない。いや……遠い遠い昔、聞かされた時があった。人に騙されて、お金を盗られてしまった若い母が、確かにこの言葉を使っていた。

「こんちくしょう！　負けるもんか！」

気丈な母が悔しがっていた。母の「こんちくしょう」は、もしかしたら、あの時以来なのではないか。

母が、私に向き直って言った。

「大丈夫よ、美智子ちゃん！　ママの物凄い願力で、秋ちゃん、治してみせるから！」

母の願力は、とてつもない威力がある気がして、嬉しかった。今まで、母は、もうダメだと宣告を受けながら、3回ほど死の淵から這い上がってきている。その度に、母は「美智子ちゃんのために生きてやる」と言って、蘇った。その母の願力だ。効かない訳がない。

約束の面会時間が過ぎ、後ろ髪を引かれる思いで、病院を出た。

車の中で、何度も「こんちくしょう」と、私も唱えてみた。まるで、その言葉が射撃の弾のように、秋史の病巣を撃退してくれる気がした。

なんだってする　山姥にだってなる

病気になって最初の頃は、治る秋史の姿は、鮮明に想像が出来た。しかし、何度か転移を繰り返すうちに、治る未来は朧げになり、私が付添いを始める頃には、掠れてほとんど見えなくなっていった。

だから、「奇蹟」を願うようになった。

私自身、宗教を持っていないし、秋史は、全く信じない人だったけれど、藁にもすがる、信じるものこそ救われる。

神社を訪れ、祈禱もしてもらったし、友人達からは、あちらこちらのお守りやお札が送られて来た。ある宗教の信者である友人は、特別に上の方に祈禱してもらうとまで言ってくれた。

癌や痛みを治すというアロマオイルで、1日に何回も全身マッサージをした。「薬絵」という痛みを消すシールを、体中に貼った。これはお医者様が考案したものだったから、本を見せて説明し、看護師さん達に貼ることを黙認してもらった。波動が高まるという本を枕元に置いたり、同じく波動が高まる音楽を、四六時中流した。

何人かのヒーラーの方にお願いして、遠隔で秋史の癌を小さくしてもらうようパワーを送ってもらった。その治療をしてもらうと、確実に翌日の秋史の体調は良くなっていた。

癌に効くという水も、霧吹きで何度も秋史の周りに撒いた。

こんな滑稽なこと、次から次へと試すなんて、ちゃんちゃら可笑しいね。元の私だったら、鼻で笑っていたと思う。でも、いい。もしかしたら、どれかがヒットして、奇蹟が起こるかもしれない。癌が、1ミリでも小さくなるかもしれない。秋史の痛みが微かでも軽くなるかもしれない。

家に戻ると、リビングの10個以上あるグリーンの一つ一つに、毎晩、枝や葉っぱを撫でながら祈った。

「どうか、秋ちゃんに奇蹟が起こりますように」

この世の全てに向かって手を合わせたかった。お祈りしたかった。

道に転がっている石ころにさえ、手を合わせた。

奇蹟が起きるなら、癌が消えるなら、秋史が生きられるのなら、なんだってする。どんなことだって、やってやる。そんな気持ちだった。

カタカムナという古代文字を唱えることもした。カタカムナとは、言霊を基にした宇宙物理学、その言葉を唱えると波動が変わり、奇蹟が起きると言われている。

「ヒフミヨイ、マワリテメクル、ムナヤコト、アウノスヘシレ、カタチサキ、ソラニモロケセ、ユヱヌオヲ、ハエツヰネホン、カタカムナ」

意味がわからない。でも奇蹟が起きるのなら、どんな言葉だろうと、唱える。パワーが倍増する丸い文鎮のようなものも購入した。バレルコアという高価なものだが、それを振りながら唱えれば、奇蹟が起こるのだと。

それからは毎日何回も文鎮を振り回し、カタカムナを何度も唱えた。

でも秋史は、こんなこと、忌み嫌う。科学で説明出来ないものは、受け付けない。私が唱えている時、目を覚まし「やめて」と手を振った。

「ソンナコト、シナクテモ、ボクハ、ヨクナル」

「本当？　良くなる？」

秋史が頷いた。そうだ。秋史自身の力で良くなってくれるのなら、それが一番いい。私は、秋史を信じよう。秋史の嫌なことはやめる。しばらく、カタカムナを唱えるのは、お休みした。

でも、秋史の状態は悪化するばかり、ほとんど寝てばかりになった。

「奇蹟は、一体、いつ起きるんだ！　奇蹟よ、そろそろやって来い！」

どうしようもなくなって、私はカタカムナを再開することにした。文鎮を取り出し、カタカムナの文章の紙を前に置く。ベッドの横に立ち、秋史の体の上で、小刻みに文鎮を振りながら、カタカムナを唱え出した。

「ヒフミヨイ〜、マワリテメクル〜〜〜……」

必死だった。全神経を集中して唱える声は、次第に大きくなっていく。文鎮持つ手を大きく振り回した。美容院に何ヶ月も行けていないボサボサ頭も、それに合わせてグルグル回した。幸いにも、秋史は薄目を開けることもしない。

何とか、奇蹟を！　秋史が生きられますように！　思いが届きますように！

体中を左右に揺らし、文鎮持つ手を振り回し、不思議な言葉を唱える私は、まるで般若か、妖怪か、山姥《やまんば》か！

ふと、人の気配がして、瞑っていた目を開けた。振り回す手の先に、男性の看護師さんが立っていた。ポカンと口を開けている。そりゃ驚いただろう。目の前に、何かに取り憑かれたような山姥がいたのだから。

彼と目が合い、一瞬、二人とも黙りこくってしまった。物凄く恥ずかしくなって私は真っ赤な顔になった。

「あ、あの、これ、あの古代文字の……」

しどろもどろに説明しようとしたら、彼は、冷静を装って答えた。

「大丈夫。信じるものは……何でもやればいいですよ」

優しく、でも言い訳するかのように、彼は事務的な伝達をして、すぐに病室を出て行った。

きっとあの後、ナースステーションでは、山姥の話で持ちきりになっただろうな。

ある時、「癌を消してしまう」という立派な帯が届いた。ある知人が、好意で貸してくださった。銀色に美しく光る帯には、カラフルな模様の八角形の紋章が縫われている。多くの癌患者を救うことで有名な京都の和尚さんが作られた帯。癌が消えたとされる患者の中には、沢山の著名人の名前が並んでいた。和尚さんから帯を譲り受けた知人は、お母様のために使ったけれど、時すでに遅く間に合わなかったと。

「でも、秋史さんならまだ間に合うかもしれません。体に巻いてください」

この帯を患部に巻くことで、効果があるというのだ。

しかし、幅は30センチもある。こんな帯を体に巻き付けたら、秋史の治療の邪魔になるのではないか、でも、これで癌が小さくなるなら、何としてでも巻きたい。

その日の担当の看護師さんにおずおずと尋ねた。

「あのう……この帯、癌を消すかもしれないんですけど……で、あの、胸に巻いたりしても、大丈夫でしょうか？」

秋史も私も大好きな看護師さんだ。いつも細やかな心遣いで救われる。しかしＩＣＵでの経験もあり、プロとしても有能だから厳しくもある。

「う～んと、困りましたね。それは……」

彼女が眉間に皺寄せて、しばらく考え込んだ。そして閃いたように答えた。

「そうだ！　後ろから襷《たすき》掛けにして巻いては、どうですか？　前は開け閉め出来るから、治療の邪魔にならないはずです！」

嬉しかった。医療従事者から見たら愚かに思えることを、真剣になって考えてくれて巻き方を提案してくれて、その気持ちが嬉しかった。

その後、看護師さん達の間で帯のことは共有してくれ、着替えたりする時にも、最後にはしっかりと帯を襷掛けに巻いてくれた。

この帯が、奇蹟をもたらしてくれるかもしれないと、希望でいっぱいになった。

先生と看護師さんの思いやり

1年半、13回の入院で、数多くの医師や看護師さんに出会ってきた。

当初、担当主治医は別にいらしたが、病院全体を統括もする立場だったので、補佐であった医師が途中からメインの主治医となった。

だから、1年半の最初から最後まで、秋史のことを知っているのは、この主治医だけだった。

秋史は、主治医の先生が大好きだった。眠りについている時にも「先生がいらしたよ」と主治医の回診を耳元で囁いて知らせると目を覚まし、手を少し挙げて挨拶した。

「ブラックジャックを、少し渋くした感じの先生だよ」

一番最初の入院時に、まだ私が病棟担当だった主治医に会えずにいた頃、秋史は彼のことを手塚治虫の漫画の主人公に擬《なぞら》えた。クールな天才的外科医『ブラック・ジャック』、そこに渋さが加わるのか。果たして会ってみると、ふ〜む、少し首を前に出す俯き加減なところは、似てると言われれば、似てるかなあ。

「でも、ブラックジャックみたいにスマートさんじゃないよ」

秋史の喩えに賛同せずにいた私だったけれど、秋史の中では、主治医は最後まで有能で尊敬するブラックジャックだった。

彼は、いつも前向きなことしか言わない。

「来年は良くなってるでしょうから、サッカー観戦でスペインに行けますよ。久保建英選手、応援出来ますねえ」

最初の手術後の面談では、大学のサッカー部出身の主治医は、秋史の大好きな若い選手の名前を出し、励ましてくれた。

「こんな転移することなんて、食道がんでは普通ですから」

転移がわかり、落ち込んでいる私達に、さらりと説明した。

次から次へと症状が進んだ時、私はこんな状態から復活出来た人が今までにいるのかと、その度に尋ねた。すると決まって、

「います、います。いくらでもいます」

と、答えてくれた。私はその言葉にいつも縋《すが》り付いた。

でも、楽観的だった主治医の先生も、後半は前向きな発言は一切しなくなった、というよりも、出来なかったのだろう。でも少しでも前日より状態が良くなると、

「素晴らしいじゃないですか。この体に巻いている帯がいいんでしょうかね」

と、帯の効き目など信じていないだろうに、付添いの私を励ましてくれた。

もちろん、患者の家族としては、もっと早くにオプジーボを試してくれればと思ったりすることもある。でも、楽観的な主治医のお蔭で、大いに救われた。

きっと先生も辛かっただろうなと思う。1年半、ずっと一緒に闘って来たのだもの。先生の奥様の話とか、先生のお姉さんと私の出身大学が一緒だとか、プライベートの話もいっぱいした。先生と秋史も同じ大学出身だし。サッカー好きだし。そうだ、先生は、秋史の映画の監修をすることになっていたんだっけ。

「良くなったら、真っ先にブラックジャック招待して、食事行こう。きっとサッカーの話で盛り上がるよ」

何度も私にそう言い、秋史は食事に招待する他の医師や看護師のリストも作っていた。

主治医の下で担当してくれた若い医師達も、1年半の間、多くいた。彼等は大学を出て研修して、漸く医師と認められた医師、正に若きヒポクラテス達だ。

血気盛んで前向きな医師。まだ学生気分が残っている医師。頼りない雰囲気を見せるけれど、意外にしっかりしている医師。秋史は自分の息子のように彼等を扱っていた。ただ信頼を置き密接な関係になる頃、異動で他の病院や研究室に行ってしまい、秋史は残念がった。また新しく配属される若い医師達と関係を築かなくてはいけない。私自身は、後半の新しい医師達とは、最初の頃はコロナでほとんど会えず、個々の人物像を知るようになるのは、付添いに入ってからだった。

秋史の酸素濃度の状態が良くなったり悪くなったりの頃、私は、その日担当の若い医師に相談した。

「人工呼吸器の設定、少しずつ下げられないですか？」

現在は酸素を大量に送り込む高い設定だけれど、少しでも状態がいい時に、設定を細かく下げ、その濃度に慣れさせれば、やがて呼吸器を外すことが出来るのではないか？　呼吸器さえ外せば、車椅子に乗ることが出来る。カレン、セリーナに会わせてあげられる……。しかし、素人の考えだからか若い医師は全く取り合わない。何かいい方法はないか、私も必死だった。

「奥さん、いい加減にしてください。そんなこと、奥さんが考えることじゃないですよ」

確かにその通りだった。私が考えることではない。でも酸素濃度が正常値になる時もあるのだから、その時にどう対処するか考えて欲しかった。

「そんな無意味なこと考えている暇があったら、旦那さんは、あと1週間くらいですから、もっと奥さん、本人さんに、ちゃんと向き合うことを考えた方がいいですよ」

寝耳に水だった。もちろん、いつ何が起きてもおかしくないことは覚悟している。主治医にも聞いている。でも1週間などとは知らなかった。その上、毎日死に物狂いで看病している私に、これ以上どう向き合えというのか。

医師が出て行った後、椅子にドスンと腰を落とした。悔しくて涙が溢れた。

私は、この医師にも他の若い医師にも、付添いに入った時に宣言している。

「私は、看取るために付添いに来たのではありません。夫を治すために、治すお手伝いをするために付添いしてるんです。どうぞ、それを忘れないでください」

そう訴える私に、目を潤ませながら深く頷いた別の若い医師もいた。あの時、彼も隣で神妙に聞いていたではないか。

いつの間に夫の命は、あと1週間と診断されたんだろう。主治医から、そんなことまだ告げられていない。

患者の家族は、医師の言うことを、天上から下りる唯一の蜘蛛の糸のように思う。そこに縋って、上へ登ろうと必死になっているのだ。今、その蜘蛛の糸がプツリと切られた気がした。

午後、主治医を呼び出し確認した。主治医は、今までと変わりない、1週間なんて言った覚えはないと。同時に、若い医師の言動を謝ってくださった。

若い医師も、言葉が過ぎたと、頭を下げてくれた。

医師とは、治療はもちろん大切、でも患者に寄り添うこと、患者の家族に寄り添うこと、それが一番の仕事のようにも思う。私の勝手な思いだけれど、少しでもわかって欲しかった。

看護師さん達も、多くの方と出会った。最初の頃から考えると、それこそ百人近くになったかもしれない。色んな方がいて、みんな一生懸命だった。

秋史にとって、私と面会する時以外は、看護師さん達との会話が唯一の救いだったのだと思う。

彼女達や彼等と楽しく映画やテレビの話をして、仲良くお喋りし笑わせることで、辛い気持ちを紛らわせていた。

嫌いな点滴をする時にさえもだ。

「え〜ん、また針入れるの？　やめて〜ん！」

息を止めて、顔じゅう皺だらけにしながら、いつも大袈裟に言って笑わせた。しかしその腕は、針を入れ過ぎて真っ黒く硬くなっていたから、本当は酷く痛かったに違いない。

最後の13回目の入院では、今までとは違う病棟だったので、初対面の看護師さんばかりになった。あの快活に冗談ばっかり言って、看護師さん達を次から次へとキャッキャと笑わせていた秋史のことを、誰一人知らなかった。眉間に皺寄せて痛がる「ムンクの叫び」の秋史しか見ていない。

ただ私は、この病棟の看護師さん達に、一番救われた。だって、付添いの間、私が毎日会う人は、看護師さんしかいないのだから。みんながどこに住んでいて、恋人はいるのか、結婚しているのか、子供は何歳なのか、お休みの日は何をするのか、趣味は何なのか、お弁当は何を食べるのか、全部を、私、把握していた。

世の中はコロナなのに、ゴートゥートラベルなんてキャンペーンの真っ最中。秋史のオムツ替えでウンチまみれになりながら、看護師さんがぼやいていた。

「ゴートゥーって、誰のためのものなんでしょうね。私達は、永遠に行けないですね〜」

時々、用事もないのに、看護師長さんや主任さんが部屋まで様子を見に来てくれた。秋史のことではなく、私のことを心配して。

本当に、ありがたかった。

秋史の意識が重篤な混濁状態になった頃、重い足取りで家に帰る私を、エレベーターまで看護師長さんが見送ってくださったことがある。その時私は、友人達から聞いた数々の奇蹟の話をした。

癌を患っていた友人が、遠隔でヒーリングをしてもらい、癌が消えた話。また別の友人のお父様が、酸素濃度も血圧も酷い状態で3ヶ月も意識不明だったけれど、その後復活して長らえた話。また友人の友人で、胃癌の末期だった人が酷い肺炎のために危篤状態に陥り、治療が肺に集中している間に、何と胃の癌が消えてしまっていた話。

看護師長さんは、話し続ける私の言葉を、黙って聞いてくださっていた。

私は全ての奇蹟を秋史に当てはめた。今意識はないけれど、きっと体が癌をやっつけているはず。ヒーリングもしているし、帯だって巻いてる。私も文鎮振り回して祈ってる。どこかで奇蹟は起こるはずだ。

「色んな方に奇蹟が起きている。だから私、夫にも奇蹟は起きる。そう信じているんです」

看護師長さんが、口を開いた。

「わかりました……私も、信じるようにします。信じます」

驚いた。一瞬、耳を疑った。奇蹟だなんて、そんな不可解な事柄を、真っ向から否定するはずの医療従事者だ。鼻で笑われるか、お愛想で返事されると思っていた。立場上信じることのない看護師長さんが、私と同じように「信じる」と言ってくれたのだ。

その日の帰り道、嬉しくて胸の辺りが温かいものでいっぱいになった。

本当のところ、看護師長さんは、奇蹟なんてこと、信じていたかどうかわからない。でも、私の顔を見てしっかりと「信じます」と言ってくださったこと、あの強い眼差しは、心の灯火が消えかけていた私の、どんなに力になり勇気になったことか。今でも、胸が熱くなる。

「よし！　もう3ヶ月、頑張ろう」

すでに49日に及ぶ付添いでギリギリになっていたけれど、秋史が良くなるのなら、まだまだ頑張れる。友人のお父様に擬えて、3ヶ月間、意識が戻るのを待とう。それまで頑張る。でもこのまんま年を越してしまうから、お正月の用意もしておかなくちゃ。

この日私は、ネットで、私の出身地伊勢の正月飾り「笑門」と、お供え餅を注文した。

50日ぶりの日向ぼっこ

そう、あの日、12月18日。

私は病院を抜け出して、一度家に戻った。年に一度のマンションの排水管高圧洗浄に立ち会うため。この日を逃すと1年後まで清掃してもらえないから、どうしてもしておきたかった。

秋史が戻ってくる日のために、何もかも綺麗にしておきたかった。お正月には無理だろうけど、先々戻ってきた時に、綺麗さっぱりの部屋にしておきたい。だから、空気清浄機のフィルターだって10年経っていたから、ネットで購入して新しいものに替えたばかり。

昼間、意識の戻らない秋史を看護師さんにお願いして、病院を出た。

今日の空には雲ひとつない。車の運転席に降り注ぐ太陽が、目に眩しい。もう50日も見ていない陽の光だ。

「なんて美しいんだろう……」

外苑東通りのプラタナスが黄葉して、風に吹かれて舞っている。世の中は、いつの間にこんなに色付いた季節を迎え、神々しい景色に変わっていたのか。夜明け前にも、夜にも同じ道を走っていたのに、そこは別世界だった。

車の中なのに深呼吸した。全ての冬の空気をたっぷり吸い込みたくなった。初めて見るような景色に胸がいっぱいになり、気付かぬうちに涙が落ちていた。

家に戻り、部屋のドアを開けた。フワッとした暖かい空気が、一瞬にして体を包んだ。南からの陽射しで部屋中が温まり、真冬だというのに温室のようだ。リビングに入って驚いた。いっぱいに陽光が降り注ぎキラキラ光っていた。眩しかった。

「おひさま、いっぱいだ」

ほんの数時間前は冷たく暗い部屋だったのに、そこは見知らぬ部屋のようだ。いや、懐かしい部屋。そうなんだ、我が家のリビングは、真冬の昼間は、こんなにいつも輝いていたことを思い出した。

南向きのベランダに出た。12月の冷たい風は頬に当たるけれど、ぽかぽかと暖かい。毎朝、ベランダに出て水やりをしていたはずなのに、暗闇でよく見えていなかった。ブーゲンビリアが、真冬なのにピンクの花を咲かせている。深紅の薔薇もぷっくりと蕾を付けていた。トマトも実を付け、梅の木も沢山の小さな蕾を膨らませている。

「良かった、この子達は、生きている」

太陽に向かって、大きく手を広げた。何度も深く息を吸った。太陽を見るのは、50日ぶり。

「暖かい……あたたかい、あたたかい、あたたかい」

ベランダでクルリと一回転した。長い間太陽に当たらなかったから、肌も細胞も干からびてくすんでいるだろう。光を奥の奥まで届かせたくて、しばらく目を瞑って立っていた。

ベランダから部屋に戻った。燦々と降り注ぐ太陽の光が、リビングの隅々にまで充満していた。ソファの色も、太陽光だと、もっと鮮やかな赤に見えた。部屋中に置かれているグリーン達が風で揺れて、一斉に私に笑いかけているかのよう。

最年長のゴムの木は、長い歴史を物語るように、複雑に枝を伸ばしている。秋史が入社の時に購入したから、私より秋史と付き合いが長い。

「秋ちゃん、頑張ってるよ」

太い幹を撫でて報告した。結婚祝いのベンジャミンは、鬱蒼と葉を大きく茂らせている。ゴムの木もベンジャミンも、挿し木して何鉢にも増え、まるで彼等の子供のように隣に連なっていた。

付添いに入った頃、いっぺんにゴムの木もベンジャミンも、サンスベリアも、葉を落としたり枯れたりしたことがあった。驚いて、それからは毎朝幹をさすり、葉を撫でて挨拶した。

「今日も秋ちゃんのとこ、行ってくるからね。見守ってね」

最後には、手を合わせて祈った。

「どうぞ秋ちゃんが治りますように。行って来ます」

やがてグリーン達は、葉を落とさなくなっていった。そして今日見た彼等は、きらきらと蘇っていたのだ。

あぁ、良かった。この子達は、私達がいなくても、太陽を浴びている、しっかりと息をしている、生きている。

この光の世界のようなリビングに、早く秋史を連れて帰って来たかった。きっとこの中にいたら、グリーン達の生命力の微粒子が空中に飛んで、秋史の体に入り込み、嫌でも元気になる。

「秋ちゃん、連れて帰って来るからね」

もう大丈夫。今、みんなのエネルギーを私がもらったから。私が秋史のところに、運んで行くからね、あなた達の生命力。

用事を済ませると、私はワクワクした思いで、急いで病院に戻った。

12月18日22時44分

病院に戻ると、秋史の血圧が低く調子が悪そうだった。眠っている耳元で、私は家の報告をした。

「ゴムの木もベンジャミンも、ピカピカだったよ。元気だったよ。お部屋も本当に暖かくて、早く肺炎治して帰ろうね」

秋史は、全く私の声に反応しなかった。

オムツ交換の時、出来ていた床ずれが、昨日より広がり酷くなっている。

「ワセリンをたっぷり塗って、ラップでカバーしてもらえますか？」

あまりにも痛々しくて、母の褥瘡《じょくそう》の時に学んだ処置を、看護師さんにお願いした。今度は踵《かかと》も水脹れになっているのを発見した。毎日、こんなに何回も丁寧にマッサージしているのに、なぜ踵にまで褥瘡が出来るんだろう。

「血圧が下がると、あっという間に褥瘡が出来るんですよね」

慰めるように看護師さんが説明した。

二つのソックスに切れ目を入れて組み合わせ、踵だけ出して履かせた。足が氷のように冷たい。

「血圧を上げる薬の副作用で、手足の先が冷えてこの後やがて黒くなっていくんです」

黒くなんかさせない。必死に患部に当たらないように足を何度も摩った。でも、秋史は一瞬たりとも目を開けてくれない。

「あきちゃ〜ん、あきちゃ〜ん、今、どこにいますか〜？」

耳元で呼んでも、起きなかった。

体が耐えられないほど痛かったり苦しいと、人は肉体から意識を飛ばしてエーテル体という魂の世界に行ってしまうと聞いたことがある。その間に肉体を快復させるそうだ。だから、秋史は今、辛い肉体から離れて体を治すことに必死なのかもしれない。

私はパンパンに浮腫んだ手をマッサージしながら、また耳元で言った。

「秋ちゃん、みっちゃんは、この手を絶対離さないからね。どこへ行くにも秋ちゃんとみっちゃんは一緒だよ」

このセリフは、ずっと毎日手をマッサージする時に言う言葉。絶対離すもんか。一生、私はこの手を離さない。

私は起きてもらいたくて、音楽をかけた。ドラマ『29歳のクリスマス』主題歌の、マライア・キャリー『恋人たちのクリスマス』。映画『ウォーターボーイズ』の挿入歌、シルヴィ・ヴァルタンの『あなたのとりこ』。秋史が手がけたドラマや映画の音楽を、大音量で何度もリピートさせた。でも、ピクリともしてくれなかった。

唇に、小鳥のようにチュンチュンチュンチュンと何度もキスをした。秋史が唇をとんがらせようと、突き出したように見えた。

「あ、秋ちゃん！　戻ってきた」

でもすぐにまた動かなくなった。私は映画の話をした。

「秋ちゃん、こんなに苦しくて辛いの、映画作るためなんだよ！　秋ちゃんは、映画作るために、神様が秋ちゃんを病気にしたんだよ。苦しいよね。でも、それは、全部映画のためなんだ。だから、今の痛みとか苦しみとか忘れないで。きっとそれが役に立つんだから。他の人には、絶対作れない映画だもの。だから、このままあっちの世界とかに行っちゃったら、ダメだよ。全部無駄になっちゃうからね。だから、どうやっても良くならないといけないんだ！」

もう私の声など聞こえなくなっていた秋史に、私は必死に声をかけていた。

秋史が癌になった意味って何なんだろう。なぜ秋史が癌に冒されなくてはいけないのか、なぜこんなに苦しまなくてはいけないのか。全くわからない。でも、この経験を映画に活かすことが出来たとしたら、意味が出てくる。そんな風に考えた。でも、それは、全て、秋史が快復出来て成立することだった。

しかし、私は、秋史の意識が戻らないのを、さして心配はしていなかった。今、秋史の肉体は、必死に闘っている。その間秋史の魂は、別の世界で休んでいるに違いない。

「秋ちゃんは、これからの人生、65歳からの人生のために生まれてきたんだよ。早くにこんな大変なことを経験したのは、これからの人生のためなんだ。凄い使命を持ってるよ。今、体が闘って細胞がどんどん活性化してる。良くなってる。どんでん返しだ。大どんでん返しがこれから起こるよ」

すると一瞬、秋史の唇が動いた。聞こえたのだろうか。

私が諦めたら終わり。世界中が諦めても、私は諦めない。私は、ゴムの木やベンジャミンにもらったエネルギーのせいか高揚して、その後もずっと秋史に話し続けていた。

帰る時間になった。荷物をまとめていると、その日担当の若い医師と、看護師リーダーに、廊下に呼び出された。

「今夜は、泊まっていただきたいと思います」

「え？　今夜もですか？」

実は3日前も、医師に要請されて、病室にすでに一度泊まり込んでいた。私が泊まった夜、全ての状態が良くなり数値が改善され、酸素も血圧の設定も下げられた。

「奥さんが一緒にいると、こんなに良くなるんですね。これほど設定下げられること、滅多にありませんよ」

主治医も驚いたように喜んでくれた。だから、泊まり込むのが秋史のためになると言うのなら、もちろん厭わない。でも今夜は、昼間行き来して張り切り過ぎたせいか、酷く疲れ立ちくらみもしている。出来れば家で休みたかった。

「間に合わなくなるといけませんので」

医師がそう言うのに、泊まらない訳にはいかない。今夜も元気になってもらうために泊まることにした。

3日前と同じように、レンタルで借りた簡易ベッドを狭い病室の隅に広げて寝る準備をした。

「秋ちゃ〜ん、今夜はみっちゃん一緒だよ。安心してゆっくり休んでね〜」

一瞬、微かに笑ったように見えた。

「あいてま、なさい！」

顔中が浮腫んでいて、唇もタラコのようだった。その唇にキスをした。

私も秋史の側で寝るのは、たとえ病室の中であっても硬いベッドの上でも、ほっこり安らいだ。私達はいつも一緒じゃなければいけないんだ。早く、二人一緒に同じベッドの中で眠りたい。秋史の胸に手を置きながら眠りにつきたい。もう一人で寝るのは淋しいよ。

どうか秋ちゃん早く帰って来て。

薄目を開けると、秋史の横顔が仄暗い中で浮かんでいるように見えた。安心、安心、安心だ。今夜は、秋ちゃんと一緒。


「ブ――ブ――ブ――――――――！！！」

睡眠導入剤が効いてウトウトとしかけた頃、何かの音で目が覚めた。今までに聞いたことのない低く猛烈に大きな音。凄まじい警告音だ。

看護師さんが飛んできた。器械の数値をじっと見ている。

「何ですか？　どうしたんですか？」

「ちょっと……先生呼んできます」

数値を見ると、とんでもなく低い酸素量、血圧になっていた。反対に脈拍数が高い。

慌てて、秋史に近づいた。

「秋ちゃん、秋ちゃん？」

入れ替わり立ち替わり医師や看護師が来て、器械装置のところでバタバタ何かをしている。酸素をフラッシュして送ったり、何をしているのかわからない。

「どうなってるんですか？　何が起きてるんですか？」

看護師さんが、その質問には答えず、言った。

「名前、呼んであげてください」

名前を呼べばいいの？　名前を呼べば、良くなる？

「秋ちゃん、秋ちゃん、秋ちゃーん！」

確かに名前を呼ぶと、少し数値が戻った。だから呼び続けた。

もうお医者様も看護師さんも、何もしてくれなくなった。でも、私は呼び続けた。思いっきり大きな声で、声が掠れるくらい大きな声で、病棟中に響くくらい、病室が壊れてしまうくらい大きな声で、叫んだ。

「秋ちゃーん、秋ちゃーん、秋ちゃ〜ん、秋ちゃ〜〜〜〜ん！」

モニターの数値が、上がったり下がったりを繰り返しながら、やがて、数字を表示しなくなった。

若い医師が、秋史の瞳孔を確認し、時計を見て言った。

「10時44分、ご臨終です」

まるでドラマで見るようなシーンだった。最後「ご臨終」と言ったのか、「亡くなられた」と言ったのか、聞き取れなかった。「なんて言いましたか？」と聞いてみたくなったけれど、どっちでも同じ。

秋史の名前を叫び疲れて、私は呆然としていた。


今から思えば、あの時、私は諦めてしまったんだ。名前を呼ぶことを諦めた。もしかしたら、あの後も呼び続けていたら、秋史に奇蹟が起きて生き返ったかもしれないのに。あんなに諦めないと誓っていたのに、なんて愚かな私だ。どんでん返しがあったかもしれないのに。そんなことある訳ないと言われても、悔やんでいる。もっともっと名前を叫んでいれば良かった。たとえ、私の声帯が潰れてもいいから「秋ちゃん、秋ちゃん」って。目の前にしっかりとまだ存在していた秋史のこと、もっと呼べば良かった。呼んでいたかった。

モノクロームの夜

魂を抜き取られたようにぼんやりしていた私に、看護師さんが聞いた。

「ご主人のお洋服は、どこにありますか？」

「え？　お洋服？」

8月31日に入院した時に着ていた夏服なんて、すでに家に持って帰っている。今は、真冬の12月18日。退院する時が決まったら、洋服を持って来ようとは思っていた。

退院する日のシミュレーションは何度もしていた。秋史には新しく買ったスーツに、私がプレゼントした栗色のレザーハットを被ってもらおう。私もいつも付添いでボロボロの姿だったから、お洒落してバッチリお化粧するの。マキシ丈の花柄スカートをひらひらなびかせながら、ナースステーションの前を通る。二人で「お世話になりました〜」って、挨拶して。あ、秋史はまだ歩けないかもしれないから、私が車椅子を押そう。

こんなことを、いつも想像していた。

秋史の洋服なんて、この病室のどこにもありはしない。

「普通はご家族に連絡して、お洋服持って来てもらうんですけど」

家族は、私一人。他には誰もいない。

このままでは、秋史はレンタルのパジャマを脱がされ、裸にされてしまう。とにかく、誰かに秋史が着られる服を持って来てもらわなくてはいけない。


秋史の体の処理をするために、私は廊下に出された。

今、一体何が起こっているのかわからなくて、体が震えた。でもとにかく今は、秋史の洋服を用意しなければいけない、それだけはわかる。

暗い廊下の片隅でスマホを手にした。指がガタガタして言うことを聞かない。漸く電話番号のよく使う項目を開いた。夕方、ラインで様子を報告した従妹の頼子に、まず連絡した。呼び出し音が長く聞こえたが、留守電にもならなかった。もう一人の従弟の洋史にも電話した。今度は全く繋がらない。頭が真っ白、パニックになった。

「どうしよう、どうしよう」

汗のように涙がダラダラと流れた。とにかく落ち着かなくては。

病院から程近いところに住む友人のジョリちゃんに電話した。彼女は毎日電話やラインで心底支えてくれた友人の一人だった。どんなに私が落ち込んでも、変わらずいつも明るく掬い上げてくれていた。

「今から、パワーを送るからね、受け取ってくださいね」

すぐ側で手を握ってくれるかのように励ましてくれた。

「今に、秋ちゃんには、大どんでん返しがあるよ、絶対！」

どんでん返しという言葉を使ってくれたのもジョリちゃんだった。

秋史の着替えがないと話すと、ジョリちゃんは、間髪容れず言った。

「わかった、すぐ行くから。みっちゃん、しっかり！　待ってて」

ご主人のお洋服を見繕って持って来てくれると言う。ジョリちゃんは、コスチュームデザイナー、彼女のご主人もアーティストで、まるでモデルさんのように素敵な人だ。本来ならご主人のお洋服なんて秋史に似合わないだろうけど、痩せた秋史と身長も同じくらいだから、サイズは合うだろう。

程なくして、黒縁の大きなメガネが特徴のジョリちゃんがスタイリストバッグを抱えて現れた。

「みっちゃん、大丈夫？」

持って来た洋服は、セーターやシャツ、パンツやジーンズ、流石にセンスのいい物ばかりだった。その中から、白いビーズで文字が織り込まれた黒いセーターと、最近秋史が気に入って穿くことが多くなっていたジーンズを選び、看護師さんに手渡した。

ラウンジで待機していると、臨終に立ち会った若い医師を従えて、何と主治医がいらした。もう真夜中だ。准教授の立場で夜勤はないだろう。わざわざ来てくださったことで胸が詰まったが、涙は出さない。

「この度はお力になれなくて……よく、頑張りましたね」

主治医が静かに頭を下げた。

「多分されないとは思いますが、解剖は希望しますか？」

「いえ、もうこれ以上痛い思いはさせたくありません」

私も淡々と答えた。感情が表に出ると、先生の胸にしがみついて、泣き出してしまいそうだった。

「わかりました。明日はお見送りが出来ないので、今日挨拶に伺いました。どうぞお気を落とさずに」

「先生、長い間、ホントに、本当にありがとうございました」

私は深々と長い時間頭を下げた。早く主治医を、ブラックジャックを、解放してあげたかった。医師という仕事は、こういう場面を数多く経験していて、秋史の死はその中の一つに過ぎない。でもきっと辛い思いをしているのではないか。こんな負担の大きな場所から、彼を逃がしてあげたかった。
オツカレサマ、ブラックジャック、
アリガトウ、ブラックジャック、
サヨナラ、ブラックジャック。
秋史の大好きだったブラックジャックの役目は、もう終わりだ。

少しして、病室に呼び入れられた。

看護師さんに着替えさせてもらい、人工呼吸器が外された秋史に会った。トックリの黒いセーターを着せられている。素敵だった。

「本当に、宅間さん、ステキ」

看護師さん達も言ってくれた。涙声だった。

やっと人工呼吸器を外してもらった秋史は、白髪に黒いセーターがとても似合って、まるで本当のモデルさんのように見えた。あの日、スーツ屋さんでシャナリシャナリとふざけて歩いた秋史じゃなくて、もっとカッコ良くウォーキングする本当のスーパーモデルみたいだ。

秋史が赤いランウェイをスッスッスッと歩く姿を想像した。ランウェイは、どこに続くのだろう。天国?

嫌! ダメ! 天国なんて、ダメ! 天国へのランウェイなんか歩いちゃダメだよ。お願いだから、目を覚まして。

私には、目の前の秋史が、すでに亡くなった人だとは、どうしても信じられなかった。人工呼吸器を外している秋史は、今にも起きてくれそうに見えた。顔はすっかり浮腫んでいたけれど、1年半前の元気で太っていた秋史の面差しに近くなっていた。

「すみません、病室の退室をお願いしたいので……」

遠慮がちに、看護師さんが促した。秋史はこの後霊安室に運ばれ、部屋は早急に退去しなければいけない。

「はい、わかりました」

私はボンヤリと答え、ノロノロと動き出した。ジョリちゃんと一緒に、看護師さんに手伝ってもらいながら、部屋を片付け出した。110日間も入院していた秋史の荷物は、かなりの分量になっていた。首が痛いと病院の枕を気に入らず、家から持ち込んだ枕やクッションは何個にもなっていた。時計、簡易加湿器、足温器、ノートが何冊も。カレン、セリーナの写真。10本以上のアロマオイルの瓶、冷蔵庫の中には私のための食品類、棚には私の着替えやスリッパ。そして数日前に送られたばかりの山のようなオムツとパッド。オムツは使っていただくよう置いていく。私とジョリちゃんが両手で引き摺るようにしてやっと抱えられた荷物だ。

エレベーターまで看護師さん達が送ってくださった。

「ありがとうございました」

としか、言えなかった。

「元気出してくださいね」

「お体、気をつけて」

看護師さんが、口々に言ってくださったけれど、あっけなくドアが閉められた。

頭も体も、もう空っぽだ。サクサクと行動してくれるジョリちゃんの後を、フラフラ付いて行くしかない。

霊安室、横たわる秋史の前で、葬儀コーディネーターの方が、流れるように何かを長い間お話ししていた。ジョリちゃんが、何か質問をしていた。秋史は明日の午後3時までここに安置されるらしい。

二人が会話している光景は、モノクロームの無声映画のようで、私の耳には届かない。

「秋ちゃん、明日、迎えに来るからね。それまで、待っててね」

私は、秋史の耳元に大きな声で話しかけた。なぜ大きな声を出したかわからない。私自身が耳を塞がれているような気がしたからだろうか。大声を出せば、秋史にわかってもらえるとでも思ったのだろうか。

秋史の顔中にキスをして、退室した。

深夜の東京、ど真ん中、荷物でパンパンになった車を走らせて、家に向かって運転した。まるで、夜逃げするかのような二人。ジョリちゃんが何か話しかけてくれたけど、何を言っていたのか、覚えていない。

窓の外、真夜中、車から見える都心の色は、本当にモノクロームだった。

家に戻った。

つい半日前に見たキラキラ煌めく部屋とは一転していた。シンと静まり返り、グリーンの葉は、偽物の植木のようで微動だにしない。

家の中、私は一人。

カレンもセリーナも預けられているから、本当に一人。

一人ぼっち。ひとりぽっち。

現実になんか思えない。でも、本当に秋ちゃんは逝ってしまった。

私、泣いてるの？　変な声。何かに似てる。オットセイだ。オットセイの鳴き喚く声みたいだ。

「オンオンオン」

オンオンオン、オンオンオン、オンオンオン。

胸も体も潰れて壊れてしまうよ。このまま消えてしまいたい。息、出来ないよ。

でも、明日、秋ちゃんを迎えに行かなくちゃいけない。しっかりしなきゃ。

しっかりしろ、みっちゃん！

ネクストデイ

ふと気付くと、朝だった。泣き疲れていつの間にか寝ていた。悪夢を見ていたらしい。

昨夜のことは夢だったのか、しばらく座って考えた。

夢ではない。

その現実に倒れそうなくらい失望した。

猛烈に、お腹が空いているのに気が付いた。何かを口に入れたかった。昨夜届けられたお弁当があることを思い出した。

10日ほど前、レストランの若い共同経営者から連絡が来ていた。

「何か僕に出来ることはないでしょうか？」

私の食事をお願いした。その日から1日置きに、夜、家の玄関先に2日分のお弁当が置かれるようになり、私は朝、それを病院に持って行って食べた。ありがたかった。

冷蔵庫から昨夜届いていたお弁当を出してレンジで温め、蓋を開けた。ご飯の上に焼かれた牛肉が載っていた。キッチンで立ったまま、口に入れた。

「美味しい……」

本当に美味しい牛肉だった。貪るように食べ続けた。こんな時に、こんなにお腹が空くのが哀しかった。こんなに美味しく感じるのも情けなかった。ガツガツ口に入れるのも苦しかった。涙がドッと溢れた。しゃくり上げながら、涙も一緒に食べた。

携帯電話が鳴った。

「おまえ、大丈夫か」

永山耕三だった。久しぶりに聞く耕三の声だ。いや、2ヶ月ほど前、食事に誘ってくれていた。でも私は秋史の酷い状態を知られたくなくて、ドタキャンしたんだった。

会ったのは、1年近く前、のぞみと一緒にお見舞いに来てくれた時以来だ。フジテレビの社長に就任して1年目の龍之介は、その日は時間が合わなくて、別の日に秋史に会いに行ってくれたらしい。

「あいつ、すごいよな。大変な病気なのに、平気な素振りで、どうってことないって感じで。秋史らしいと思ったよ」

後に龍之介がそう言っていた。秋史も龍之介や耕三には、気丈に見せていたんだろうか。

「すぐに行くから、待ってろ」

7時前に電話してくれた耕三は、8時には到着していた。

直後に来てくれたのが坂野尚子。尚ちゃんはフジテレビのアナウンサーの同期、当時の名前は土井尚子という。物おじしない突撃レポーターとして活躍し、本人には不本意な「突貫小僧」というあだ名を付けられたこともある。小さな体で政治家や大物芸能人に迫る姿は小気味いいほどだった。今は「ネイルクイック」という会社の代表で、著名な女性起業家だ。

その後、秋史の従姉弟の頼子と洋史《ひろふみ》、ジョリちゃんが集まってくれた。

「さて、どうすんべ」

耕三が言った。私はコロナ禍だし密葬とか家族葬にしたい旨を話した。

「でも、あちこちから、問い合わせが来てるから、そう言うわけにもいかんだろ」

「美智子、どこの葬儀所とかお寺とか、いいとこある？」

尚ちゃんが聞いてくれた。ジョリちゃんが、昨夜葬儀コーディネーターから教えられた主だった葬儀所を列挙してくれた。その中では青山の梅窓院に馴染みがあった。秋史とカレンとセリーナと一緒に、青山3丁目のスーパーへ買い物に行く時、梅窓院を通り抜けて散歩したことを思い出した。

「梅窓院の入り口に竹林の遊歩道があって、そこを通るとね、氣が違うね、って秋ちゃんと話してたの。真夏は、あの道を通ると、ひんやりして、気持ち良かった」

「そこがいいんじゃない？」

「秋史は派手が似合うんだから、派手にやってしまえ」

耕三が言った。もう私はどこでも良かった。どんな形態でも、地味でも派手でも。

「うん、わかった」

それからが早かった。正に突貫小僧の如く、尚ちゃんが梅窓院に連絡し、空いていることを確認し、色んな葬祭場に電話し選び、すぐに通夜葬儀の手配を進めてくれた。

翌日20日の日曜日が通夜、明後日21日の月曜日が告別式と決められた。

その後、みんなで病院に秋史を迎えに行き、梅窓院に連れて行くことになった。秋史は、昨日と同じ簡易ベッドに寝かされていた。

「一人にさせて、ごめんね」

他の人達が支払いや手続きに行ってくれ、私と秋史の二人だけになった。まるで秋史は眠っているようだ。

「ありがとう、ありがとう、秋ちゃん、大好きだよ。秋ちゃん」

顔中にキスをした。

「秋ちゃん、今から梅窓院に行くよ。いつも秋ちゃんとお散歩したとこ」

病院では、馴染みの看護師さんや医師が見送ってくれた。謂わば、私にとっては戦友かもしれない。でも彼等は、永遠に闘っている。

秋史が一番気に入っていた看護師さんもいらした。

「あれ？　前髪切ったんだ？」

「そうなんです。短くし過ぎて」

哀しみを誤魔化したくて、看護師さんの切り過ぎたであろう前髪を、笑って触った。

「ありがとね」

一人一人と秋史のことを話したかった。抱きしめたかった。泣きたかった。でも、自分が崩れ落ちてしまうのが怖くて、さらりとお礼だけして梅窓院に向かった。

秋史を乗せた車が、神宮外苑の銀杏並木を通った。色付いた銀杏が、まだ葉を残し、歩道は落ちた葉で黄色く染まっていた。毎年必ず秋史とカレンとセリーナの四人で、毎日のようにお散歩した道だ。今年、この並木道をやっと一緒に通ることが出来た。

「秋ちゃん、銀杏並木だよ、ちゃんと見て。ほら、銀杏並木！」

梅窓院に到着して車から降りたら、見知った顔が立っていた。

アナウンサーの後輩の本間淳子ちゃんだ。彼女は井上佳子という名前で最後の「ピンポンパンのお姉さん」だった。もう何年も会っていない。その淳子ちゃんがまるでお寺の境内で幽霊のように立っていたのだ。フラフラと私に駆け寄ってくれた。

「美智姉《ね》え……」

その姿を見たら、その日我慢していた涙がどっと溢れ出した。そうだ、遠い昔、三人で映画観たことあったよね。この人の中にも、秋史はいたんだ。

まだ独身時代に『さらば愛しき大地』という映画を、どう言う訳か三人で観た。柳町光男監督、根津甚八、秋吉久美子主演の、重く救いようのない苦しい映画だったが、私と淳子ちゃんは感動した。でも秋史はにべもなく言った。

「こんな映画好きじゃない。映画っていうのは、観た後元気にならなくちゃ。僕はそういう映画が好きだね」

その後、淳子ちゃんが私の耳元でコッソリ言った。

「宅間君って、アメリカ人みたいですね」

そんな会話を思い出した。

秋史と私って、核の部分で本来は違っていたんだよね。だから多くの刺激をもらえたし、救ってもらえた。あの映画のように苦しく苛まれている時、秋史はスカッと掬い上げてくれていたんだ。

そして36年半を経て、違っていたはずの核の部分が、今はピッタリとひっついて融合していることに気が付いた。私達は、同じ核になっている。


その後、会議室で葬儀の打ち合わせが始まった。先のメンバーに加えて、秋史の制作会社の関係やフジテレビの後輩達、アナウンサーのもう一人の同期の西村洋子（旧姓中村）、そして社長業で忙しいはずの遠藤龍之介も加わってくれた。

私は、ただぼうっと座っていただけだ。

「葬儀案内のお知らせ、この文章でいいですね」

誰かが誰かに相談している。

「このテント、30万もしますけど、いらないかと。受付はこの入り口で出来ますから、外のテントは無しでお願いします」

私の隣に座る尚ちゃんが、葬儀屋さんと交渉し続けている。

物事が次から次へと進む中で、私だけが止まっていた。みんなの声がわんわんと耳の外で響いているけれど、鼓膜までは到達しない。

その時、ハッと気が付いた。もう人工呼吸器から解き放たれた秋史は、カレンとセリーナに会えるんじゃないか。

私は慌てて昨日から預かってもらっているペットシッターさんに連絡した。どうかカレンとセリーナを連れて来て欲しいと。打ち合わせが終わる夕方には、二匹を連れて来てもらうことになった。


梅窓院にカレンとセリーナが到着した。

二匹を連れて、秋史の寝ている小部屋のドアを開けた。私は小走りに入りながら、響くように大きく高い声で言った。

「秋ちゃん、秋ちゃん、カレンちゃんとセリーナちゃんだよ！　秋ちゃん！　やっと会えるよ、秋ちゃん！」

秋史が、毎日口をパクパクさせながら、名前を呼んでいた二匹だ。

「アイタイ、アイタイヨ、カレンチャン、セリーナチャン」

あんなに切望していたカレンとセリーナが、ほら、今ここに来たよ！　秋ちゃん、わかる？

もしかしたら、私の甲高い声と、カレン、セリーナが来たのを知って、秋史が目を覚ますのではとも思った。でも、そんな訳ないか。

まずはカレンを抱き上げて、秋史の顔を見せた。

「カレンちゃん、秋ちゃんだよ、秋ちゃん！」

カレンは、久しぶりに会えた秋史の顔を見て嬉しそうに尻尾を振り、秋史の唇を舐めた。でもその冷たさに驚いたのか、一瞬舌が止まった。でもすぐに顔中を舐め出した。それこそ必死に。舐めたら、秋史が起きてくれると思ったのだろうか。

次にセリーナを抱いて、秋史の顔に近づけた。セリーナは舐めることもしなかった。不思議そうに秋史の顔を見て、クンクンと顔から頭の匂いを夢中で嗅いでいる。

「セリーナちゃん、秋ちゃん冷たい？　チューしていいんだよ。チューは？」

そう言っても、セリーナは、ひたすら匂いを嗅いでいるだけだった。

氷のように冷たい秋史、そこにはもう秋史がいないとセリーナは理解したのかもしれない。


でも、秋ちゃん、良かったね。カレンとセリーナに、やっと会えたんだよ。8月31日から111日目だ。

本当に長かった。長い長い長い111日だったね。

写真の中の秋ちゃん

2日間にわたる通夜告別式、コロナ禍なのに四百人以上の方が参列してくださった。

ふと気が付いた。青山通りを挟んで、梅窓院の斜め前に「サバティーニ」がある。私達の結婚パーティーが行われたレストランだ。36年半前、今日と同じように、私達のために多くの人が集まってくれた場所が、目と鼻の先にあった。その奇遇な縁が、一層哀しかった。

梅窓院では、受付を元アナウンサー達が担当し、裏の作業にはフジテレビ編成部や他の部署から、多くの方が携わってくれた。もちろん秋史の会社の社員も手伝ってくれたけれど、まるでフジテレビの社葬にしてもらったかのような葬儀だ。秋史がフジテレビを退社してから、もう5年以上経っているというのに。

アナウンサー同期の坂野尚子と西村洋子が、元女子アナグループのラインに「誰か手伝って」と声をかけたら、私も私もと、先輩や後輩達が手を挙げてくれた。

河井寿美（皆川）、本間淳子、牛尾奈緒美（中村）、松尾紀子、吉崎典子、長野智子、阿部知代、位田美枝（青木）、河野景子、近藤サト、武田祐子。

宅間秋史の葬儀の受付には、ズラリと華やかな顔が並んだ。

私はフジテレビを辞めてから35年も経っている。みんな、私のことを思いやって、手伝いに参加してくれた。今も現役でテレビ出演している人や、現在は大学の副学長の重職についている人など、みんな超多忙なのに駆け付けてくれた。河野景子さんは、確か2、3日前スポーツ紙を賑わせていたはず。

「景子ちゃん、こんな時に……」

「私のことなんか、どうでも……美智さんこそ、大変でしたね」

「美智子さん、大丈夫？」

「美智姉え、しっかり」
「美智さん……」
みんなが啜り泣きながら、肩を撫でてくれたり、抱きしめてくれたり、手を握ってくれたりした。その温もりがありがたくて、胸が張り裂けそうになる。
でも、しっかりしなくてはいけない。
通夜では、秋史が担当した数々の番組の主題歌が流された。所謂トレンディドラマを輩出した月曜9時枠のドラマ「月9」は、秋史が編成担当だったから、多くの人が知っている主題歌が流されていった。
抱きしめたい！『アクアマリンのままでいて』カルロス・トシキ&オメガトライブ
東京ラブストーリー『ラブ・ストーリーは突然に』小田和正
101回目のプロポーズ『SAY YES』CHAGE & ASKA
ひとつ屋根の下『サボテンの花』財津和夫
ロングバケーション『LA・LA・LA LOVE SONG』久保田利伸 with NAOMI CAMPBELL
他の時間帯のドラマや映画の主題歌も、次々と流されていく。
懐かしい曲を聴きながら、多くの人が祭壇に白いカーネーションを手向けてくださった。

その横で、喪服姿の私は秋史の従姉弟の、頼子と洋史と共に並んで挨拶をした。

「一人じゃなくて、良かった」

私とは、あまり付き合いの多くなかった秋史の従姉弟が、親戚として側にいてくれることは心強かった。背の高い秋史のように、またそれ以上に身長のある二人は、まるで私のボディーガードみたいだ。

「お兄ちゃんは、私達、親戚グループのスターだったんだよね」

秋史のことをお兄ちゃんと呼ぶ頼子は、小さな頃から秋史が憧れの存在だったと言ってくれた。勉強も出来て泳ぎも上手くて。きっと秋史のことだから、昔から兄貴風を吹かして、リーダーシップを取っていたのだろう。

「大人になってからも、仕事の相談に乗ってもらってたの」

秋史が頼子の転職などの相談に乗っていたとは知らなかった。それじゃあ、いつも誰かが困っていると救うスーパーマンみたいじゃないか。ちとカッコ良過ぎるよ。

秋史の葬儀について、私からはほとんど連絡出来なかったけれど、フジテレビの連絡網や、朝のヤフーニュースで知り参列してくださった方が多くいた。

フジテレビ時代の先輩や後輩が多勢いらした。私にとっても何十年ぶりかの懐かしいお顔もあって、だから一層哀しみが増した。業界の重鎮の方々や、著名な方、俳優さんも数多くいらしていた。

藤原紀香さん、長谷川京子さん、内田有紀さん、南野陽子さん、田中麗奈さん、ともさかりえさん、石黒賢さん、中村繁之さん。号泣してくださった方もいた。向島の芸者さん達もいて、そんな方も来てくださるのは、愉快な秋史が愛されていた気がして、なんだか嬉しく思えた。

手伝うことは出来ないけれど、仕事の合間に駆け付けてくれたアナウンサーの先輩や後輩もいた。野間脩平さん・竹下典子さん夫妻、中井美穂さん、越智広子（高木）さん、2代目ひょうきんアナウンサーだった寺田理恵子さんもいた。彼女も、8年前の12月に、突然ご主人を亡くされている。

「美智子さん、いつか日にち薬が効いて来ますからね」

痛いほど、私の気持ちがわかると言ってくれた理恵ちゃんの言葉は、身に沁みた。

お通夜の最後、片付け出した時に、一人で飛び込んで来てくださったのが、小泉進次郎さんだった。

「本当にニューヨーク時代、色んなところに連れて行ってくださって、お世話になりました」

進次郎さんがコロンビア大学に留学中、秋史が息子のように接していたことを、しっかりと覚えていてくださった。

次から次へとお参りをした参列者が、私に挨拶してくれる。コロナ禍だから、お互い近くには寄れない。短い時間で済まさなくてはいけない。マスクだから、何を言ってくださっているのか、よく聞き取れない。でも、何度か聞こえた言葉があった。

「宅間さんには、自由に仕事させてもらいました」

そうか、自由なのか。

よく聞いてみると、秋史の言う自由は、がっしりとした屋台骨を作った上で、「さあ、自由にやって」という自由だったと。そういう意味では、策士なんだ、秋史は。

私は体も心の内も限界ギリギリで立っていた。足元がふらつく。寝不足の毎日が2ヶ月近く続いていたから、倒れたらどうしよう。でもしっかりするんだ。

「宅間がお世話になり、ありがとうございました」

一人一人に深く頭を下げ、ひたすら挨拶した。

これは、何かに似ている。デジャブ。こういうこと、私、慣れている。ふと気が付いた。

そうだ、舞台後の挨拶、客出しの時、挨拶するのと同じだ。極限に疲れ果てているけれど、そのアドレナリン全開の時にフラフラになりながら、挨拶をしているあの状況と似ているのだ。

いや、違うよ、私、アドレナリンなんて出てない。達成感だってない。出来たら、今ここで座り込んで、オイオイと、ひたすら「秋ちゃん、秋ちゃん」と、叫び続けていたいんだ。

でも、そんなことは出来ない。私は喪主なんだから。

いいよ、わかった。今、私、これは仕事なんだ、舞台の挨拶なんだ。そう思わないと、もうこれ以上、頭を下げられない。


2日目の告別式では、僧侶達の祈禱で葬儀が執り行われた。

不思議だった。祭壇の真ん中に、秋史の写真が飾られ、その前でお経が唱えられている。とてつもない違和感。作り物のように嘘っぽく見えた。

お坊さんの袈裟の色が綺麗なグリーン色だったり、お経の節回しが面白かったり、介添の人がちょっと間違った方向に行ったりするのが笑えて、秋史に話しかけたくなった。神前結婚式とかお葬式とか厳粛な場に出席すると、私と秋史は、何か可笑しな出来事を見つけては、目で合図し二人で笑いを堪えるのが通例だった。

「今の、見た？」

するとニヤリと秋史が答える。

「見たよ、見た」

でも今日は、目で合図をする人がいない。隣に秋史がいない。かろうじているのは、祭壇で笑っている不思議な秋史の写真だけだ。

「では、お手をお合わせください」

祈禱の要所要所で、何度もお坊さんから手を合わすよう示唆される。でも、私は手を合わせることが出来なかった。だって、秋史は仏さんなんかになっていないもの。おかしいよ、秋ちゃんに手を合わせるなんて。

秋史が亡くなったことを知っているのに、反抗したかった。

出棺の時間になって、秋史の棺の中に花々をみんなで入れた。スーパーモデルと言ってシャナリシャナリ歩いた時の新しいスーツも入れた。

「秋ちゃん、タバコだよ」

私にとっては憎たらしいタバコだけど、入れてあげた。カレンとセリーナの写真、私達の結婚式の写真も入れた。

競馬新聞も入れよう。従弟の洋史に買って来るよう頼んであった。洋史に聞いたら「あ、忘れた」と言った。まるで「今日、忘れちゃったけど、明日持って来るよ」とでも言いそうに軽いもので、この人も、秋史が亡くなったことわかってないんだと思った。

きっと秋ちゃん、怒ってるよ、「コラ、洋史！」って。ハハハハハッて。泣けてくるよ。ダメだ。涙止まらないよ。

不自由になった私

お通夜も告別式も秋史の近くから片時も離れなかった私は、気付きようもなかったが、梅窓院入り口の広場では、お参りを済ませた多くの人たちが帰らずに留まっていたそうだ。

気温9度の芯から冷える寒空の下だというのに、みんな、あちらこちらで固まって、秋史の話、テレビ業界の話、映画の話をしながら「ミスターフジテレビ」との別れを惜しんでいたと言う。

「あの日確実に、テレビの一つの時代が終わったと、みんな思ったんですよね」

そう言ってくださった方がいた。

正に、昇り調子のフジテレビで、共に昇り竜の如く働かせてもらった秋史だった。そして、今、本当に天に昇って行く。


棺に花をいっぱいに入れて、蓋を閉じる前に、私は大きな声で叫んだ。

「写真、撮りま〜す！　皆さ〜ん、集まってくださ〜い！」

すでに係員から促されて広場の参列者達は散り散りになっていたけれど、まだ多くの人が残っていた。

毎日、秋史の写真を撮るのが日課になっていた。今日は、まだ撮っていない。だったらみんなと記念写真を撮ろう。

沢山の人が花に囲まれた秋史の棺の周りに集まってくれた。

今日で最後のショット。ラストの記念写真。

蓋が閉じられる前、キスをした。

最後のキス。

冷たかったよ。

喪主の挨拶もしなくてはいけない。涙が、ただただ流れ出し止まらない。自分の感情が理解出来ない。これが現実だとわかっているけれど、現実には思えない。

挨拶の前に鼻を擤んだ。

「鼻、かみま～す」

大声で戯けて言ってみた。死者を送る厳粛な儀式の空気を壊したかった。誰も笑ってくれなかった。当たり前だ。でも、こんな場所から私は逃れたかったのだ。だから、笑って欲しいなどと勝手な期待をした。

マイクの前に立った。マイクなんて慣れている。でも自分で何を話していいのか、さっぱりわからなかった。でも話す。しっかり話さなくてはいけない。足元はおぼつかない。

雲の上にいるようだった。

「……私は、ずっと奇蹟を信じていました。今だって、起き上がってくれるのではないかと思っています。でも昨日今日と沢山の方がいらして、皆様の心で秋史が生き続けてくれるのなら、それが奇蹟かもしれません。そう思うことにします。

私は、この人の妻で良かったです。若い頃は浮気もされました。離婚しそうにもなりました。でも、そんなこと覆すくらいの幸せをいっぱいもらいました。

私は、秋史の妻で最高に幸せでした。

宅間秋史という人は、人を自由にしてくれる人です。私は秋ちゃんの側でいつも自由で、いつまでも子供のような気持ちでいられたし、伸び伸びと生きました。

きっと仕事場でも出会う人達を自由にしていたんじゃないかなと思います。秋史は、人を自由にする天才だと思います。

秋史がいなくなって私は、今、不自由になりました。だから、なんか、私はもう生きてたくないし、これからどう生きて行こう、もう嫌だ、と、本当に思っています。でも、昨日とか今日とかみんなが声をかけてくれて、ああ、これは秋ちゃんからのメッセージなんだと思いました。だから、もう少し経ったら……今は全然そう思えないけど……生きなきゃな、強く生き抜かなきゃいけないんだな、と思っています。

どうぞ、これからも宅間秋史のこと、忘れないで、よろしくお願いいたします」

梅窓院から桐ヶ谷斎場に移動し、秋史の体は火葬された。焼場に入る前に、最後にもう1回キスしようとしたけれど、置かれた棺の台が高過ぎて、キス出来なかった。

焼かれてお骨になって出て来た時、係の人が言った。

「若い方より、お骨が多くてしっかりしていらっしゃいます。このように骨壺にいっぱいになってしまうほどです」

こんなところで褒められてもな、でも、こんなに骨も立派だったから「癌ちゃん」も元気に活躍してしまったんだな、と思った。

斎場からの帰り道、マイクロバスから見る真冬の景色は、美しかった。風がとても強い。快晴の空は、抜けるような青、正にスカイブルー、白い雲が風に煽られて全速力で走っているかのようだ。12月も終わりに近いというのに、街路樹はプラタナスも銀杏も真っ黄色に染まっていた。落ちた黄色い葉っぱが突風に吹かれ、大きな塊になって空へ舞っていく。

『悲しいほどお天気』

ユーミンの歌そのままに、お天気過ぎて、哀しかった。

マイクロバスの一番前の座席に座り、振り返って後部座席を見ると、みんな疲れている様子だった。秋史の高校時代からの友人達、秋史の会社の社員、フジテレビの元同僚、私の友人、事務所関係、従姉弟達。船を漕いで眠っている人もいた。

マイクロバスは、ロケバス。私は今、ロケからの帰り。

そう錯覚してしまうほど、映画撮影の状況と似ていた。着慣れない衣装の喪服を早く脱ぎたい。脱いでさえしまえば、この撮影は終わり。何日もかけて撮影した作品は終わり。私は家にすっ飛んで帰ると、秋史が待ってくれている。

「みっちゃん、お疲れ様でした。長い撮影、よく頑張りましたね」

いつものように、そう声をかけて、ぎゅっとハグしてくれる。頭を撫でてくれる。

いや、やめよう！　そんな幻想は、余計哀しみを増幅させてしまう。

秋ちゃん、私、こんな映画の主役はしたくないよ。こんな映画をプロデュースするなんて、秋ちゃん、酷いよ。酷過ぎるよ。こんな映画、まっぴらごめんだ、掻き消してしまいたい。

宇宙の闇に、ひとり、放り出されてしまった

次の日、朝起きたら、やっぱりベッドの横に秋史はいなかった。こんなこと、もう慣れている。この1年半、ほとんど入院していて、家にはいなかったから。でも、病院にも、もう秋史はいない。

「お散歩、行かなくちゃ」

本当はベッドの中で泣き伏していたかったけれど、重い足を引き摺って外へ出た。カレンとセリーナを連れて行けるのは、私だけだ。

私が二匹のお散歩をするのは、ほとんど2ヶ月ぶり。先に歩くカレンとセリーナが、よっぽど嬉しいのか、何度も私を振り返り、ヘラヘラ笑いながら尻尾を振った。


昨夜、葬儀の後、私の事務所の社長やスタッフがお寿司を持って来てくれて、永山耕三や頼子、ジョリちゃん、私の友人達と「精進落とし」をしてくれた。久しぶりに飲んだ日本酒がまだ残っているせいか、お散歩の足元がふらつく気がした。願掛けのために、1年半お酒を断っていたから弱くなってしまったのか。最初の一口は躊躇われた。秋史がいない現実を認めるみたいで、本当は飲みたくなかった。でも、思い切って飲んだ。とても美味しかった。美味しく感じたのが、何だか悔しく思えた。

最後には、遠藤龍之介も来てくれて、淋しい夜を紛らわせてくれたけど、みんなが帰ったら、一人。だから、カレンとセリーナがいてくれることは、ありがたかった。

お散歩の途中で会うワンコ連れの方達が、ニュースで知ったのだろう、お声をかけてくださった。

「突然のことで……びっくりしました」

「この度は、大変でしたね、おからだ、気をつけて」

「この間まで、一緒に仲良く散歩してらしたのに……」

何か挨拶しようとしたが、うぅっと詰まって言葉が出ない。

「私の人生で『もう誰も愛さない』は一番のドラマで、それを、どうしても伝えたかったんです」

秋史が担当したドラマを出して、慰めようとしてくださる方もいた。でも、ちゃんと返事が出来ず、ただただ深く頭を何度も下げるだけだった。

公園に着くと、カレンとセリーナは、久しぶりの私との散歩で興奮したのか、爆走し出した。

もう、秋史とボールを蹴って遊ばせることは出来ないのだと思うと、激しい哀しみに襲われた。

胸を何かに押し潰され、手足も体もガラガラと破壊されるかのようだ。夫を亡くす痛みなど、想像していたものは遠く及ばない。

「残念だけど、経験した人にしかわからないのよね、この苦しさ」

過去に夫を亡くした人に慰めの言葉を言った時、その人は、申し訳なさそうに言った。今、わかる。まるで宇宙に行ったみたいだ。宇宙に行った人がいくら説明したって、中継で披露したって、宇宙に行かない限り、あの世界はわからない。

今、私は一人、宇宙の闇に投げ出されたかのような思いに駆られた。体中が圧迫されて、壊れていく。

慟哭。

内臓の底の底をきつく絞られたかのように、震える声が溢れ出た。まるで自分が獣になってしまったかのようだ。

「うぉ～～～うぉ～～～～～うぉ～～～～～～～～～」

天を仰ぎ、のんびり浮かぶ雲に向かって、何度も吠え続けた。周りの木々は、どんなに私が号泣しようが、ただ森閑としている。

公園には誰もいない。たとえ誰かが現れても、帽子に眼鏡にマスクじゃ、わかりっこない。しゃくり上げて嗚咽した。真夏の御殿場アウトレットで買ったダウンコートが濡れてしまった。

散歩の帰り道、老夫婦とすれ違った。ご主人は欧米人で、二人でお揃いのサングラスをかけ、毎朝散歩しているオシャレな夫婦だ。

「カレンちゃんとセリーナちゃんがいなくなっても、あの人達みたいに散歩は続けようね」

秋史と、そう話していた。

広場では、私達より少し年上の夫婦が、いつものようにバドミントンをしていた。

「バドミントン、楽しいかもね。秋ちゃん、痩せられるよ。今度、買ってこようか」

そんなこと話してるうちに、病気がわかったんだっけ。

外に出るのは辛い。もう二度と出たくないと思った。特に年老いたご夫婦に会うのは、胸の奥をグサグサに掻き乱されるように痛かった。未来の姿がプッツリ絶たれたことを、まざまざと知らしめられる。


でもね、お散歩出来たのは良かったよ。カレンとセリーナがいてくれて良かった。どんなに引き籠もっていたくても、毎朝毎夕、散歩に出なくてはいけない。お蔭で、少なくとも体を動かすことが出来るようになった。

そして心も。

最初は、いつも嗚咽しながら歩いていたけれど、やがて涙を出さなくても済むようになった。もちろん、今だって突発的に泣き出してしまう時はある。でも、きっとカレンとセリーナがいなかったら、私は家の中でずっと泣き伏していたに違いない。季節の移ろいも感じず、まだあの真冬の気持ちのままで止まっていたかもしれないもの。

カレンとセリーナは、秋ちゃんが残してくれた、最高の忘れ形見。

だよね、秋ちゃん。

2021年の笑門とお節料理

人には聞いていたけれど、亡くなった後の事務的な処理というのは、理不尽に思えるほど大変だ。

区役所や年金事務所へ行ったり、クレジットカードを解約したり、全ての名義変更など、怒濤の如く処理すべきことが山のようにあった。何回、何十回と死亡者欄に「宅間秋史」と名前を書き込まなければいけない。悼む人に、なぜこんな煩雑で辛い処理が必要なのか。その上私には、秋史の会社の処理も課せられていた。会社名義の負債もあった。なにゆえ神様は、こんなにも意地悪するんだろうと恨みたくもなった。現実を、これでもかこれでもかと、ジャブやパンチを打ってわからせノックアウトさせるためなのか。

でも、こんな時、みんな周りの人が、力になってくれたんだ。秋史の友人達や坂野尚子、頼子が真に心配してくれ、一緒に弁護士さんや銀行に同行し交渉してくれた。


事務処理に翻弄されているうちに、すぐにクリスマスやお正月がやって来た。華やかな家族のための季節は、哀しみを抉《えぐ》るように深くさせてしまう。

しかし、友人達が代わるがわる家に来てくれたりした。

「みっちゃん、一緒にご飯食べよ！」

急に暇になったからと、同期の西村洋子が、夜、お弁当を持って現れた。

お隣のおばあちゃまが、立派なイチゴを差し入れてくれた。

「ワンコと一緒に食べてちょうだい。これからも、きっといいことあるわよ」

ワンコ友達の方が、築地の卵焼きを持って来てくれた。

「これさ、すんご美味しいのよ、ちょい食べてみ！　元気になるよ〜！」

ご近所に住んでいる放送作家の山田美保子さんが、大晦日に顔を見せてくださった時は、驚いた。坂野尚子の友人で、以前たった一度お食事をしただけの間柄なのに、一人分のお節料理を届けてくださったのだ。

「こんな時に、お節料理なんてとは思ったんですけど」

そんなことはない。喪中なんて、秋史は関係ないよと言うに違いない。近所の和食屋さんに作ってもらったというお節料理は彩りが鮮やかで、ため息が出るほど美しかった。

２０２１年の元日の朝、ネットで注文した伊勢神宮の笑門のお飾りと、お供え餅を前に置いて、一人でお節料理を頂いた。お煮しめや、黒豆、叩きごぼう、数の子、一つ一つを口に入れる度に美味しくて、ヒイヒイ泣きながら食べた。

こんなにも、色んな人が、私のことを気にかけてくれる。もう生きたくないと思っている私、でも、そんなこと思っていていいんだろうか。人の思いやりに触れる度に、死にそうになっている私が、少しずつ、息を吹き返しそうになった。

未亡人

秋史がいなくなった頃、永山耕三が言ったことがある。

「美智子、今日から未亡人だね」

「え？　私が未亡人？　未亡人って……」

私の中では、未亡人は母だった。「未亡人」という言葉が持つ甘美でベールの掛かったような魅惑的な響きは、私には通用しない。重い現実なのだ。母はしょっちゅうその言葉を使っていた。

「未亡人だと思って、馬鹿にしないでください！」

「あの人、私を未亡人だから、騙せると思って」

今の時代とは違う。母子家庭の母親は、色んなことで虐げられたりした。母は、玄関に男物の靴を置いていた。売り込みのセールスマンが来ると、必ず言っていた。

「主人に聞いてみますから」

未亡人と言われて、私も秋史の庇護がいっぺんになくなったことを実感した。

今日から私は未亡人。ママと一緒だ。


12月に股関節の骨折をした母の手術は無事成功し、秋史の亡くなる前日には退院していた。でも、「こんちくしょう」と叫び、必ず治してみせると約束した母の強力な願力は、効いてくれなかった。仕方ない。母は認知症だから、自分の手術を受けているうちに、忘れてしまったのだろう。

母に会いたかった。

コロナ禍だから、施設での面会は許されない。ただ、病院に外出する時にだけ、会うことが出来る。秋史のことを母に伝えるかどうか悩んだ。でも、この苦しみを一番理解してくれるのは母だ。

私は母が診察してもらう病院に向かった。

「ママ、秋ちゃんが亡くなったの」

母は、私の顔をじっと見るだけ、無表情だ。耳が遠くて聞き取れないのか。何度か繰り返した後、ようやく母が答えた。

「ご愁傷様でした」

秋史を私の友人の一人とでも思ったのだろうか。母が母でなくなっていた。しばらく会えないうちに、認知症が進んでいるのだと思って淋しくなった。

2週間後の1月の終わりにも病院の診察があった。待合室の母に会いに行くと、前回より快活な表情で、マスクを着けるのは嫌だと駄々をこねていた。

「美智子ちゃん、元気？」

私の姿を見つけて、母が聞いた。

「元気だよ」

良かった。認知症は進んでいなかった。

「秋ちゃんは？」

言葉に詰まった。この間母に伝えたことは、理解されていなかったのだ。

「秋ちゃんね……死んじゃったんだよ」

「えー！　なんで？」

「食道がん」

「いつ？」

「先月」

「え？　私知らなかったわ。美智子ちゃん、ママに言えなかったのね。可哀想に、可哀想に」

母が手を合わせ、何度も擦り合わせて拝んだ。その後は、今度は秋ちゃんが可哀想にと言った。母がわかってくれたのが嬉しかった。私の苦しみを、唯一、同じ嵩で感じてくれるのは、この母しかいないのだ。

でも母が神妙な顔になって、尋ねた。

「秋ちゃんの、ご家族は？」

絶句した。秋ちゃんの家族は、私よ。ママ、聞いて。私だけが、家族なんだよ。猛烈に哀しくなった。

でもね、同時に、安心もしたんだ。私の切り裂かれるような思いを、母に共有させせなくて良かった。母が、認知症で良かったと。

今でも、母は私に尋ねる。

「秋ちゃん、元気？」

その度に、秋史が亡くなったことを伝える。

「私も、未亡人になっちゃった。ママと一緒」

と答える時もある。母は不思議そうな顔をする。私と未亡人という言葉が結びつかないのだろう。

しかし「うん、元気だよ」と、答えてあげた方がいいのでは、とも思う。でも今の私には、まだ達観することが出来ない。母がその度に哀しんでくれることに、どこか癒される。甘えたい気持ちがある。

「ママ、ママ〜、助けて！　秋ちゃんが死んじゃったんだよ〜」

本当は、母の胸に縋って、泣き叫びたいのだ。

きっと近い将来、母の認知症も進んで「秋ちゃんは？」と聞いてくれなくなると思う。

だから今は、こうやってチグハグだけど、母と何度も一緒に哀しむことを許して欲しい。

ビースマイリング

事務所のスタッフが何人かの友人を連れて、食事に来てくれた。誰かと食事を共にしないと、何も食べなくなる私を心配してくれたのだ。

初めて会う人もいた。その中に、「カズコママ」がいた。カズコさんは、見た目はおじさまの、ＬＧＢＴ。作業療法士や旅行コーディネーターなど数多くの経歴を持つが、今は銀座で会員制のバーを経営して、才能も教養もある魅力的な人柄だ。

カズコさんが言った。

「ねえ、ミッチー、私が生まれて初めて買ったレコード、何か知ってる？　ビースマイリングよ、ビー、スマイリング！」

びっくりした。『ビースマイリング』は、私がフジテレビ時代に出したシングルレコードだ。

「『ひょうきん族』で歌ったの、観てたの？」

「や～だ、それだけじゃないわよ！　『夜のヒットスタジオ』でも歌ってたわよ。『ポンキッキ』だって、イメージソングになって、ミッチーのこと、特集してたじゃない？」

出演した本人が、ほとんど忘れていることを、次から次へと披露してくれた。

『ビースマイリング』は、当時の映画『ミラクル・ワールド ブッシュマン』のキャンペーンソングとしてリリースされた。アフリカから来日した主演のニカウさんと一緒に『夜のヒットスタジオ』で歌ったことを思い出した。

レコードが発売された頃は、すごいキャンペーンで、さながら新人のアイドル歌手みたいだった。デビュー曲発表会と銘打って、新宿西口の高層ビルの広場で、握手サイン会もした。テレビでは特別番組も編成された。

「私、ミッチーのことが大好きだったのよ。栃木の田舎の小学生だった私がね、一生懸命毎日貯めてた1円玉貯金があったのよ。お兄さんがね、東京に行くって言うから、貯金箱を崩して渡したの。お願い！ 買って来て～！ って。頼んだのがビースマイリングだったのよ！」

カズコさんが、熱を持って話し出した。

「大好きだったのよ、あの歌！ 夢があるのよ！ 希望があるのよ！ 田舎の小学生にとっては、ワクワクしたのよ」

次から次へとカズコさんが語ってくださる。

本人の私といえば、当時はあまりにも忙しく、プレッシャーだけで、歌を楽しむ余裕なんてなかった。業務命令でアナウンサーの私が駆り出されたが、投げ出したい気持ちもあった。それなのに、栃木に住んでいた小学生の和之君（本名）が1円玉貯金を崩してまでレコードを買ってくれたなんて、なんだか、とても申し訳ない気がした。

「あの声も、ステキ！　素直で、とてもハッピーになる声なのよ！　ミッチーの声は、人を幸せにするのよ！」

え？　私の声が人を幸せにする声？　そんなこと考えてもいなかった。それに、今の私には、そんなこと、考えられない。

「ミッチー、この歌は、今の時代にピッタリなのよ！　素晴らしい歌なのよ！　さあ、歌いましょうよ、一緒に！」

突然、カズコさんが、アカペラで歌い出した。戸惑いながら、私も釣られて歌った。1番は、かろうじて歌ったものの、2番は、ほとんど歌詞を覚えていなかった。でも、カズコさんは、躊躇わずに、朗々と、最後まで歌い上げた。

人はいつでも時に流され　夢を見る事さえも　忘れているけど
瞳そっと閉じれば　見えて来る　遠く　青く　広い　失くした大地
思った事のひとつも言えずに　皆　満ち足りたふりしているだけだわ

だけど胸の奥で　燃えている　熱く　響く　ドラム　心に鳴るわ
都会はサバンナ　人は狩人　もっと激しく走ってみたい
言葉はいらない　微笑みあれば　自然な笑顔がひとつあれば
Be Smiling

星のない夜　風のない朝　そしてまた一日が　何気なく過ぎる
だけど胸の奥のざわめきは　熱く　響く　ドラム　心にゆれる
地球はサバンナ　誰もが狩人　もっと自由に走ってみたい
果てなく広がる　荒野が欲しい　自然な笑顔があればいいの
Be Smiling

（伊藤薫　作詞・作曲）

「ダメよ！　ミッチー！　自分の歌忘れちゃ！　この歌、2番の詞が素晴らしいんだから！」

確かに、よく聴いてみたら、とてもいい歌だ。レコードを出した頃はわからなかった。

カズコさんが、YouTubeにアップされている、レコードの歌声を聴かせてくれた。ただただ素直に、懸命に歌っているその頃の自分が、そこにはあった。愛おしくもなった。

この歌を出す頃も、確かに私は秋史に支えられていた。

こんなに忙しいのにレコードまで出さなきゃいけないなんて、と秋史にぼやいたことを思い出した。秋史が言った。

「みっちゃん、本当に疲れるね。でも、こんな経験ないんだから。もっと楽しまなきゃ。人生、楽しんだもん勝ちだよ」

そう言う秋史は、人生、楽しんでくれたのかな？　楽しい人生だったのかな？

病気になって転移がわかり、何度目かの抗がん剤入院から退院してきた頃、急に秋史が私の手を取って握手した。虚をつかれて秋史の顔を見たら、こう言った。

「ホント、おもしろい人生だね」

本当に秋史の人生は、ある意味面白かったかもしれない。楽しくもあったと思う。でも最後、辛かったよね。だから、楽しい人生ではなく、おもしろい人生だと言ったのかな。

つい秋史のことを思い出して涙ぐむ私に、カズコさんが言った。

「ミッチー、ダメよ、泣いちゃ！」

「うん、泣かないよ、泣いてない。勝手に涙が出るだけだから」

ワイン飲んでるから、涙がいっぱい出てくるよ。カズコさんだって、酔っ払って饒舌になってるじゃない。

「そうよ、泣かない。ミッチー、わかってる？　ビースマイリングよ。笑うのよ！　笑ってなくちゃ！　ミッチーは、笑ってるのが一番似合うの！　あなたの声は、人をハッピーにするの！　あなたは、人を幸せにする人なんだから！　だから、笑って！　笑って！」

そう言ってカズコさんは、オペラ歌手のように両手を大架裟に上げて、最後のサビを歌い上げた。

「ビー、スマ〜イリングゥ〜〜〜〜！！！」

39年後のモダン会

遠藤龍之介、永山耕三、帰国していた寺尾のぞみが、会いに来てくれて、久しぶりにモダン会で集まった。

龍之介が、カレンとセリーナを撫でたりして可愛がってくれている。耕三ものぞみも犬が好きだと言った。みんな、犬好きだったなんて知らなかった。

突然、セリーナが龍之介の膝に飛び乗った。セリーナは、ほとんど抱かれたりしない。でもごく稀に、ソファに座る秋史の膝に乗ることがあり、秋史が、その度に「セリーナちゃぁん！」と、デレデレになっていた。だから、セリーナが膝に乗るのは、それくらい珍しいこと。龍之介の中に、秋史を感じたんだろうか。不思議だった。

39年も前の大磯の海での大騒ぎを、ああだったこうだったと話した。会う度に、あの頃のこと、いつも仔細にリフレインする私達。

「何も変わってないんだけどね、僕たち」

龍之介の言葉に頷いた。

まるで竜宮城から戻ってきた浦島太郎のように、いっぺんにお爺さんになってしまったけれど、中身は乙姫様と出会った時の青年の浦島太郎のまま。しかしその浦島太郎は、一人欠けてしまった。

「秋史がいなくても、モダン会は、モダン会だよね。ま、あそこにいるし」

写真を指差したのは、耕三だったか。

「秋ちゃんは天国でも、秋ちゃんは一緒よ。ずっとモダン会は存在するって、嬉しいじゃない？」

のぞみが言った。

みんな、しんみりなんかしない。いつもと同じ。くだらない話ばかり。ふざけたことばかり。自分の喋りたいことを話し、笑う。人生なんて、語らない。

この、ぬるま湯にポチャポチャ浸かっているような感じが、モダン会なのだ。

秋史の肉体がここになくても、モダン会は続く。そう思えたら安心した。秋史が一番ホッとしていると思った。

耕三が、またふざけたことを宣《のたま》った。

「龍之介、疲れてるんだから、君たち、女子がキスして、元気出してやれ」

「何言ってんの、私達みたいなおばさんのキスなんていらないんじゃない？」

「いいから、君たち、可愛い女の子なんだから」

そっかな。可愛い女の子かな？　へへ。耕三、こんなとこで演出して、どうすんの！

龍之介も満更でもなさそう。のぞみと私が長椅子に座る龍之介の両側から、ほっぺたに近づいた。

「せ〜の〜、チュ〜！」

カレンとセリーナが興奮してソファを上り下りした。龍之介が目を細めてヘラヘラ笑った。のぞみと私は、まるで10代の女の子のようにキャッキャと声を上げた。耕三がニヤついてスマホにその様子を撮影した。

本当に、くだんない。本当に、あまりにもくだらなくて、涙出るよ。

ほら、写真の中の秋ちゃんも、笑ってるじゃない。いや、秋史のことだから、呆れてるかな。それとも、素知らぬ顔で、ワイン、飲んでる？

秋ちゃん、私達の出会いは、ここから始まったんだね。こんなくだらないとこからだよ。滑稽だね。

モダン会は永遠なんだ。だから秋ちゃんも永遠。永遠にみんな一緒。そう思うだけで、生きられる気がした。

深海魚

秋史が天に召されてから、もう半年以上が過ぎた。

朝から晩まで、慟哭と嗚咽と号泣ばかりしていた毎日ではなくなった。人と会って話す時には、涙を見せることが少なくなった。

「元気になったね」

そう言ってくれる。

「うん、元気になった」

そう言いながら、いや、そうだっけ？　私、元気になったっけ？　と、いつも自問する。確かに、「元気な振り」は、上手になったかもしれない。


カレンとセリーナも、ようやく秋史がいないことを受け入れてくれるようになった。

あの日、秋史の顔を見てお別れをしたというのに、彼女達は毎日、秋史の帰りを待ち侘びていた。私が家に戻り、玄関の鍵を開けると、二匹は私のことなんか無視して飛び出し、後ろに続く人がいないか、秋史が一緒に帰って来るのではないかと、ドアの外に出てクルクルとその姿を探し回っていた。

でも、４ヶ月ほど過ぎた頃、次第に探すことをしなくなった。ドアの外に出なくなった。

私が毎日、秋史の写真とお骨に「秋ちゃん、秋ちゃん」と話しかけているから、秋史は棚の上にいるのだと、やっと理解したらしい。


病気の快復を願って書き出した日記は、今でも続けている。

今日の事柄を書く度に、ちょうど１年前の秋史がどういう状態だったのか、必然的に目に入る。熱が出たり緊急入院したり調子が悪い日が多いけれど、体調が良くて、私のためにアンチョビとキャベツのパスタを作ってくれたとか、ワンコのお散歩に青山墓地まで一緒に行ったとか書かれている元気な日もある。そんな日は、1年後の私まで、ホッとして嬉しくなる。

どうして安心するのか、自分でも不思議だ。この後、大きな悲劇が待っているのを知っているくせに……。

結局、秋史の悪い癖、一人で先に行ってしまう癖は直っていなかった。結婚パーティーの日のように、ヤンキースタジアムのあの日のように、秋史は私を置き去りにして、最後の最後、一人で先に、さっさと天国に行っちゃった。

いや、もしかしたら、私に付いてきて欲しかったのではないか、とも思った。秋史が覚悟した日に言った「イッショニ、イカナイノ？」という言葉は、冗談ではなくて本気だったのではないか。

私も後を追いたい。私も消えてしまいたい。

秋史も大好きだったクルーズ船に乗って、その舳先からそっと海に飛び込もう。海外船籍のクルーズ船はいい加減に違いないから、人が一人いなくなってもわからないのではないか（実際はそんなことないだろうけど）。そんな妄想を、泣き疲れてボーッとした頭で考えていた。

「ダメだ」

すぐに否定した。私には母がいる。カレン、セリーナがいる。母とワンコがいる限り、私は生きていなくてはいけない。でも、この人達がいなくなったら、クルーズ船に乗り込めばいいのだと、あたかも希望のような思いにもなった。

母は8月27日に、97歳になった。秋史も生きていれば66歳。二人は同じ誕生日なのだ。おまけに、8月27日は、義母の命日でもある。365日の中のたった1日に、私の周りの人が関係していること、やはりこの人達の縁が強く絡み合ったから、私と秋史は夫婦になったのかもしれない。

ずっと感じる喪失感。それは、夫がいなくなったというよりは、体が半分になった感覚の喪失感だ。

「亡くなった人のこと考えても、無駄でしょ。いないんだから。一人は気楽よ。ルンルンよ。一人を楽しむこと、考えなきゃ」

結婚せずに一人で生き抜いて来た友人が、そう言って慰めてくれた。一生懸命言葉を紡いでくれた気持ちはありがたかった。でも、今の私に届くには距離がある。

彼女の「一人」と、今一人になった私の「一人」は違うとも思う。

人というのは、長い間、自分という人格を、まるで土偶のように捏《こ》ねて作り上げていく。独り身の人は、一人で土を捏ねて土偶を大きくする。途中夫を持つと、その人と二人で土偶を作ることになる。最初はちっぽけで痩せた土偶も、苦労したり挫折したりしながら、やがてでっぷりとした土偶となる。

ベッドの上の秋史に言ったことがある。

「ねえ、秋ちゃんは、私達のこと、二心二体って言ってたよね。でも、今、私、やっぱり一心同体な気がしてるんだ」

もちろん個人は尊重する。でも秋史の痛みは私の痛み、秋史の心地好さは私の心地好さ。

秋史の運命は、私の運命。

秋史と私は、36年半かかって土を捏ね、一つの土偶を作り上げてきた。若い頃はヒビが入ったり欠けたり割れたりしていたけれど、ようやく強固な土偶が出来上がっていたのだ。

そして今、私は、その土偶がパッカーンと真っ二つに割られた感覚になる。だから一人で生き抜いて来た人の立派な土偶の横で、私の土偶は半身だけになって倒れそうだ。片割れになってしまった私の土偶。この片割れに、この後、私はどう土を付けていこうか、途方に暮れる。


私にとって、秋史を失うことは、自分自身も失うことに等しい。

秋史がいなくなって、不自由になった私。

私は不器用で、人付き合いが下手くそで、ドジな失敗だらけで間抜けですぐに落ち込んで、どうしようもないほどダサい。元アナウンサーという職業柄、気取って出来る女性風に振る舞っているだけ。私はとんでもないポンコツなんだよ。でも、このポンコツの私を、秋史は本当に面白がってくれた。呆れながらも愛しく思ってくれた。

夫婦っていうのは、このほころびで繋がっている。欠けているところを愛おしむものだと秋史に教えられた。

でも、そう言ってくれる人はもういない。秋史の側にいたら、へなちょこで臆病な私も、失敗も恐れずに勇気を持って何でも出来そうだったのに。

本当に、不自由になっちゃったよ、私。

「だったら、少しの自由を見つければいいよ」

また別の友人が言ってくれた。

少しの自由。それは、何なんだろう。わからない。


でも少しだけ灯りが見えた。

深海魚の私は、暗く深い海の底でゆらりゆらりと、泳ぐでもない、海水の流れに身を任せている。手には片割れの土偶を抱えて、時には溺れてしまい、水を吐くほど飲み込んでしまう。漆黒の世界。でも、仄かに光らしきものが見える。上から微かに漏れる光の筋に体を委ねよう。ほんの少しずつ、揺れながら上がるんだ。「少しの自由」という灯台の灯りが水面を照らし、その灯りが海の奥底まで到達しているとしたら、その光が私を救ってくれる。

私は深海魚じゃない。こんな水底にいてはいけない。自分自身で海面に上がるしかないのだ。ゆらゆら波に身を任せながら、たとえ溺れかけても、這い上がるように昇るしかない。


今、私は寝る前に秋史に祈りを捧げ、その後、その日一日に出会った人達のことも祈る。朝のお散歩で出会った人から、仕事で会った人、立ち寄ったコンビニの店員さん、道に迷って尋ねてきた人、優しく声をかけてくれる人、ラインで様子を聞いてくれる友人達。順番に思い出しながら、祈る。

「いいことがありますように」

その人達に、いいことがあるようにお願いする。私に関わってくれること、接点を持ってくれることに、深く感謝する。この人達がいなければ、今の私は生きていることが出来ない。生きる意味がない。

今の私は、私と関わる人から、生きる意味をもらっている。でもやがて、私がその人達に生きる意味をあげられたら、その時私は息を吹き返すことが出来る、かもしれない。

不自由だ、不自由だと言いながら、少しの自由を見つけられたら、私は生きられるはずだ。

＊

神様に聞いてみたい。

どうして秋史が癌になって、なぜ、死ななくてはいけなかったのか？

食道がんになっても生きている人がいる。それなのに、なぜ、秋史は生きられなかったの？　その意味を知りたい。

秋史の死の意味を。

なぜ？　なぜですか？

神様！　神様！


「仕方ない」


え？　神様？

「みっちゃん、そんなこと言っても仕方がないよ」

あれ？　秋ちゃん？　神様じゃなくて、秋ちゃんなの？

「これが運命なんだよ。決められた運命なんだよ」

どうして、秋ちゃんには生きる運命はなかったの？

どうして秋ちゃんには奇蹟が起きなかったの？

「奇蹟が起きる人もいる。起きない人もいる。それが運命なんだ」

秋ちゃん、悔しいよ。

「僕も悔しいよ。でもしょうがないね。諦めよう。運命なんだから」

秋ちゃん……。

「みっちゃん、本書いたの？」

うん、ごめんね、色んなこと書いて。

「そんなこと全然大丈夫だよ。ちゃんと正直に書いてくれましたか？」

多分。

「なら良かった」

秋ちゃん、どうやって生きていいか、私、わからないよ。

「何も考えなくていいよ、粛々と毎日生きてればいいんだよ」

しゅくしゅく？

「ほら、楽しまなくちゃ、人生、楽しんだもん勝ち」

そんな、楽しめないよ、一人で。

「いつだって、僕は、みっちゃんの側にいるから、大丈夫」

ホント？　いてくれるの？　一生、側にいてくれる？

「一生側にいるって、約束したじゃない。いるよ」

ほんと？　秋ちゃんが、側にいてくれるの？

だったら、私、私……何とか這い上がってみる……かな。

私が、どうやって海の底から這い上がるのか、見てて。

這い上がれるのか。

這い上がれないのか。

秋ちゃん、見ててよ。ちゃんと、見ててね。

「うん、見てるよ」

秋ちゃんに、どうやっても会いたい。会いたいよ。

いつか、会えるかな。

私が迷子にならないように、必ず、迎えに来てね。絶対だよ。
その時、色んなこと話せるように、ちょっとだけ、頑張ってみる。
不自由だけど、色んな自由を見つけて、秋ちゃんに報告するよ。
まだ、本当に前向きになれるかどうか自信ないけど、やってみる。
秋ちゃんに、会いたい。
会えるまで、頑張る。
だから
秋ちゃん、待ってて。

「うん、待ってる。……ゆっくり……ゆっくりゆっくり、待ってるからね」

あとがき

「大切な人と別れることが、人間の宿命だから」

夫を亡くし嘆く私に、そう言ってくださった方がいました。確かに全ての人は、大切な人といつか別れなくてはいけない。必ず。

コロナ禍で、多くの命が失われ、沢山の方が大切な人との別れを余儀なくされています。これがたとえ宿命だとしても、なぜ今なのか、なぜこんな形なのかと、もがき苦しみ、到底受け入れることなど出来ようもありません。でも、生きている限り、別れを避けて通れない、それは宿命なのだと、私は知りました。

この夏、1年延期された東京オリンピックは、問題はありながらも、無事終了しました。唯一チケットが当たっていたサッカー3位決定戦に日本は出場し、メキシコと対戦しました。本来なら、夫と二人でスタジアムに行くはずだった試合でした。

日本は負けて、夫の大好きだった久保建英選手がピッチの上で人目も憚らず号泣していました。私も一人で観戦するオリンピックの辛さが増して、同じように声を上げて泣きました。でも同時に、まだ若い彼の行く末を見届けなくてはという気持ちにもなったのです。

もう生きることを諦めていたのに、不思議でした。

夫は、入院中、映画の企画を5本も立てたのに、そのまま、天国に持って行ってしまいました。

まるで「天国のお蔵入り」です。私は、お蔵入りした5本の映画の代わりに、せめて夫とのことを本に残さなくては、と思い立ちました。

でも、原稿を書き始めると、あまりにも辛くて何度も後悔しました。まだ見返す必要のなかった夫との写真やノートに目を通す度に瘡蓋《かさぶた》を剝がされ、大声を上げて泣きじゃくり、グシュグシュになりながら鼻を擤んで、デスクの上は白いティッシュでいっぱいになりました。でも、どうやっても私は書かなくてはいけないと使命のような思いで奮い立ち、もう一度パソコンに向かいました。それは、私の後ろで夫が見守ってくれていたからかもしれません。書きながら、いつも夫を感じることが出来て、本当に幸せな時間だったと思います。

書き上げた今、淋しくなりました。

宅間秋史は、本当に魅力的な人でした。一番目と二番目に素敵だったのは、ユーモアのセンスと包容力。……なぁんて、私が今、原稿に向かっている側で、夫が私のおでこをチョコンと突っついて来ました。

「さっきから、眉間に皺寄せて、なに真面目ぶってるの？　ほぉら、みっちゃん、さ、肩の力、抜いて、抜いて、深呼吸して」

いつものように、ふざけて口を尖らせるポーズをしながら、秋史が、笑っています。

え？　眉間に皺寄ってる？　えらいこっちゃ！　でも、もう少し言いたいことがあるから、秋ちゃん、ちょっとだけ黙ってて！


夕暮れの、人の輪郭さえわからない、薄ぼんやりとした時間のことを「かたわれどき」と言うそうです。映画『君の名は。』（新海誠監督）の中で、会うことが叶わない、時を違えた二人が「かたわれどき」には会うことを許されました。

だとしたら、私もその時間には、秋史と会えるのではと、ふと気付いたのです。秋史と私は、確かに時空を超えてしまい、今、別の世界にいる。でも、「かたわれどき」になったら、繋がることが出来るかもしれないと。薄靄《うすもや》の向こうの秋史の姿や息遣いを感じ、「秋ちゃん」と呼べば答えてくれそうな瞬間がやって来る。たとえ、それが幻想だとしても、私にとっては、愛しさに満ち満ちた豊かな時間が訪れるはず。
私自身、現実は一人ぼっちの片割れになってしまいました。でも、「かたわれどき」の時間になったら、片割れではなくなる、一人ぼっちではなくなる。そんなことを考えるだけで、ちょっぴり、クスッと嬉しくなってしまいます。
この時間を、慈しみ感じながら生きて行ければと、今、少しずつ思い始めています。

最後に、夫とのことを残したいと言った申し出に応えてくださった見城徹さん、同世代の方や同じ痛みを持つ方はもちろん、若い人にも読んでもらいたいと、書き加えなど丁寧に付き合ってくださった、若い編集担当の山口奈緒子さん、デビュー当時から秋史と親しく推薦文を寄せてくださった藤原紀香さん、仕事場での秋史の姿を取材させてくださった元同僚の皆様、まだ荒削りだった原稿を読んで感想をくれた友人達、ありがとうございました。
そして最後まで読んでくださったあなたにも、深く、感謝です。

心から、ありがとうございました。

２０２１年10月

山村美智

ALBUM

あいてま、なさい

モダン会

左から、39年前の秋史、耕三、美智子、龍之介、のぞみ

結婚式

ヨーロッパに新婚旅行中、ミュンヘンの郊外でも結婚式をした

東地中海クルーズ

船の中、エレベーターの天井の鏡を見上げる二人

ブラジル旅行

リオのカーニバルを体験するコスプレで大はしゃぎ

秋史とジェシカ

ニューヨーク時代、セントラルパークで、毎日お散歩した

セリーナ、カレン、秋史

抗がん剤治療を終えて退院した秋史から離れないカレンとセリーナ

サッカー

2014年サッカーW杯ブラジル大会、クイアバのスタジアムで

病床

付添いの毎日、必ず笑顔で自撮りした私達

ブックデザイン
アルビレオ

イラストレーション
磯崎菜那

JASRAC 2108155-101

7秒間のハグ

2021年10月25日　第1刷発行

著　者　山村美智
発行人　見城 徹
編集人　森下康樹
編集者　山口奈緒子
発行所　株式会社 幻冬舎
〒151-0051 東京都渋谷区千駄ヶ谷4-9-7
電話　03(5411)6211(編集)
03(5411)6222(営業)
振替　00120-8-767643

印刷・製本所　中央精版印刷株式会社

Printed in Japan　ISBN978-4-344-03875-2　C0095
幻冬舎ホームページアドレス https://www.gentosha.co.jp/

この本に関するご意見・ご感想をメールでお寄せいただく場合は、
comment@gentosha.co.jpまで。